KB271047

회계신뢰와 회계윤리

회계신뢰와 회계윤리

권찬태 · 안홍복 · 권기정

目 次

‖ 서 문 ‖

회계학 분야는 지금까지 양적으로뿐만 아니라 질적으로도 많은 변화와 발전을 지속하고 있다. 그러나 최근의 외환위기는 국가, 사회 전반은 물론이고, 회계학 분야에 대해서도 투명성과 관련된 많은 문제들을 야기하였다. 특히, 회계의 기본 가치인 회계정보의 신뢰성에 대해 많은 의구심을 나타내기 시작하면서, 국내·외적으로 회계제도의 개선과 투명성 확보를 강도 높게 요구하고 있다. 뿐만 아니라, 최근에 잇달아 불거진 분식회계와 부실감사의 영향으로 우리나라의 회계는 과거 그 어느 때보다도 신뢰성에 있어서 위기를 맞고 있다.

따라서 본 서는 최근 우리나라에서 발생하고 있는 회계의 대중적인 신뢰 상실과 위기의 중요원인을 진단하고, 이의 해결책을 특히 회계윤리의식의 제고를 통해 찾아보고자 한다. 이러한 연구방향의 설정은 첫째, 사회 전반의 회계 불신을 극복하고 회계의 신뢰성을 회복하기 위해서는 물리적 차원보다는 정신적 차원인 회계윤리의식 제고를 통하는 것이 보다 근본적인 해결책으로 볼 수 있기 때문이며, 둘째, 회계와 관련된 부정적 사건들이 단순히 법률, 기준 또는 규제 장치로만 해결되지 않고 궁극적으로 인간의 정신적 개혁과 이를 뒷받침하는 교육과 제도를 통해서만 근본적으로 해결될 수 있기 때문이다.

이러한 연구 목적을 달성하기 위해 본 서는 다음과 같이 구성한다.

제Ⅰ부에서는 회계신뢰성의 위기와 기회라는 제목으로 회계 갈등과 신뢰성의 위기와 신뢰성 회복을 위한 방안으로서의 회계윤리의 역할에 대해 알아본다. 제Ⅱ부에서는 일반인, 학생, 회계학 교수, 공인회계사 등을 대상으로 회계윤리의식에 대한 실태를 분석한다. 제Ⅲ부에서는 회계윤리의식 제고를 위한 철학적 기초로서 동양의 전통사상인 인(仁)사상과 그 필요성에 대해 알아본다. 제Ⅳ부에서는 회계윤리교육의 현황과 문제점을 분석한 후 그 개선방향을 제시한다. 제Ⅴ부에서는 회계윤리의식을 바로 세우기 위한 회계윤리와 관련된 여러 제도의 문제점과 개선방향을 제안한다.

－저자 일동－

  본 서가 가지고 있는 의미는 다음과 같습니다.

  본 서는 권찬태 교수님과 그 제자들이 최근 10여 년에 걸쳐 수행한 회계윤리와 관련된 연구들 중 핵심적인 내용과 주요한 흐름을 '회계신뢰와 회계윤리'라는 제목으로 집대성하였다는 데 그 의의를 가지고 있습니다. 회계윤리와 관련된 연구들은 권찬태 교수님의 뒤를 이어 받아 그 제자들이 계속 연구하려고 합니다. 스승으로서 항상 바른 길을 밝혀 주신 권찬태 교수님께 깊은 존경과 감사를 드립니다.

제 자
안홍복
권기정

제 I 부　회계신뢰의 위기와 해결방안

일체유심조(一切唯心造)

제1장
들어가며

━━━━━━━━━━━━━━━ 우리나라는 최근 2-3년간 그 어
느 때보다 급변하는 정치, 경제 및 사회적 변화를 경험하고 있다. 최근의
사회 전반적 분위기는 우리나라에서 발생하는 모든 회계 부정 및 비리사건
을 단순하게 회계제도나 회계감사인만의 문제로 돌리고 있는 경향이 많으
며, 회계의 책임성, 통제 및 감사 기능 등과 같은 제도적인 문제들에 대해
서만 개선을 강력하게 요구하고 있는 것이 사실이다.

최근에 들어 회계를 둘러싼 환경은 매우 복잡하고 경쟁적으로 변화하고
있다. 예를 들어, 회계감사 분야에서의 감사의뢰인이 감사인을 선임하는 감
사인 선임제도, 커미션 제도와 성공보수 수수료(contingent fees) 제도의
허용 등은 이러한 감사환경의 복잡성을 더욱더 가중시키는 요인으로 작용하
고 있다. 또한 기업을 둘러싼 주요 정보이용자 집단의 경제적 환경도 더욱
복잡·다양해지면서 급속하고 경쟁적인 변화를 겪고 있다. 이에 따라 일반
투자자와 정보이용자들도 기업의 재무상태와 경영성과를 나타내는 재무제표
에 더욱 주목하고 있으며, 이러한 재무제표에 대한 신뢰를 회계전문가들이
보증시켜 주기를 강도 높게 요구하고 있다.

이러한 치열한 상황하에서 회계전문가들은 그들의 전문성 유지에 있어 여
러 가지 도전에 직면하고 있다. 특히, IMF 경제위기 이후 드러난 일부 기
업들의 회계 부정 및 회계분식 사건으로 일반 대중들의 회계에 대한 의구심
과 비난은 더욱 커졌고, 이로 인해 회계의 사회적 신뢰는 급속히 하락되었
다. 최근 그 어느 때보다 회계정보이용자 간의 갈등이 더욱 심화됨으로써,

이들 간의 인식 차이를 유발하게 되고, 이는 곧바로 회계의 신뢰에 부정적 영향을 주고 있다. 따라서 회계 분야는 회계의 신뢰 회복에 대해 많은 관심을 기울여 해결방안을 제시하려고 노력하고 있다.

따라서 본 서는 회계의 신뢰 회복 문제를 윤리적 측면에서 제시하고자 한다. 이는 본 연구가 현재 회계에서 파생되는 갈등, 인식 차이 및 신뢰 상실 이면에는 이러한 상황에 직·간접적으로 영향을 주는 외부 환경 및 회계 프로세스의 원초적 문제가 존재하고, 이 문제를 해결하는 가장 근본적인 방향을 회계 분야에서의 윤리성 확립으로 보기 때문이다. 이를 위해 본 서에서는 회계윤리의식의 제고방향을 크게 회계윤리의 철학, 교육 및 제도 측면으로 접근하려 한다. 이는 일반 윤리와 달리 회계윤리만이 갖는 독특한 특징을 모두 고려하기 위해서이다. 이를 구체적으로 살펴보면, 첫째, 회계윤리의 철학적 측면은 일반 윤리와 회계윤리 간의 관계, 차별성 및 향후 회계윤리의 연구 및 정책 방향을 설정하기 위하여 기초적 개념과 패러다임을 제시할 필요가 있기 때문이다.

둘째, 회계윤리교육의 필요성은 회계윤리도 다른 모든 윤리문제와 같이 그 해결의 출발점이 교육에 있기 때문이다. 따라서 회계윤리교육 측면에서 보면, 대학을 중심으로 예비 회계전문가인 학생들과 실무에 종사하는 공인회계사회에 대한 지속적인 윤리교육이 필요하고, 이러한 요구를 충족시킬 수 있는 회계교육의 전략적 방향과 프로그램의 내용이 요구된다.

셋째, 회계윤리제도 측면에서 보면, 회계윤리문제가 대부분 기업의 외부감사문제에서 불거짐에 따라, 외부 이해관계자들은 경영자에 의한 의도적인 재무정보의 조작과 감사에 대해 제도적으로 강력한 통제와 감시를 요구하고 있다. 또한 최근에 와서 공인회계사와 같은 회계전문가들의 윤리문제를 조정하고 지원할 수 있는 자율 또는 강제적인 윤리제도의 필요성이 증대되고 있기 때문이다.

따라서 본 연구의 목적은 회계의 신뢰 회복이 그 어떠한 회계제도보다 현재의 회계의 위기를 극복하는 데 중요하고, 최근 증폭되는 회계의 갈등구조를 해결하고 정보이용자와의 신뢰적 관계를 구축하기 위해 회계윤리의 측면에서 회계의 신뢰 회복 방향을 제시하고자 한다. 이는 진정한 회계윤리 제고는 회계를 둘러싼 환경의 정확한 이해와 이해관계자의 적극적인 협조와 이해 없이는 달성될 수 없기 때문에 그 의미가 매우 크다고 하겠다.

제2장
회계신뢰의 위기

1. 회계신뢰의 의의

경제학에 있어 모든 경제주체들은 각기 이기적으로 자기이익의 극대화만을 추구하고 있으며, 따라서 이러한 이기적 경제주체들에게 윤리적 요소로 할 수 있는 신뢰라는 개념은 존재하기가 힘들다고 여겨지고 있다(Child & Faulkner, 1998; Doz & Hamel, 1998). 1970년대 이래 조직경제학(economics of organization)에서는 경제주체들이 이기적(self-interest oriented)일 뿐 아니라, 자신의 이익추구를 위해 이기적으로 정보를 숨기거나 왜곡하는 기회주의적 행동을 할 것이라고 주장하였다(Williamson, 1985; Milgrom & Roberts, 1992). 따라서 회계에서 이기적이고 기회주의적인 경제주체로 간주되는 감사인과 정보이용자 간의 신뢰란 도대체 무엇을 의미하며, 또 이러한 신뢰관계가 회계의 유용성과 투명성에 어떠한 영향을 미치는가는 매우 중요한 연구주제라 할 수 있다.

신뢰(trust)라는 용어에 대한 정의는 학문적 측면에서 규정하기 어려운 개념이며, 이러한 이유로 회계에서 신뢰가 차지하는 위치와 역할을 명확하게 정의 및 규정하는 것은 매우 어려운 일이라 할 수 있다.

이러한 신뢰에 대한 연구는 최근에서야 시작되었다. 사회학과 심리학 등에 시조차 1980년대 중반까지 그다지 많은 연구가 진행되지 못한 것이 사실이었다(Deutch, 1962; Zand, 1972). 그러나 1980년대 이후 경영학, 심리학, 정치학, 사회학, 경제학 등 사회과학 각 분야들에서 개인 간 신뢰(Wrightsman, 1991; Hegelson, 1994), 집단 간 신뢰(Zander, 1994), 거시 조직 간 신뢰(Bradach & Eccles, 1989), 사회제도적 수준의 신뢰(Zucker, 1986; Fukuyama, 1995) 등 신뢰와 관련된 다양한 주제들이 연구되기 시작하였다.

신뢰는 그 접근방향에 따라 합리적 기대나 감정적 유대, 또는 행위 등 그 강조점에서 약간의 차이가 있으나, 공통적으로 상대방의 선의, 정직성, 약속의 성실한 이행, 그리고 자신의 이익추구를 어느 정도 희생한 타인의 복지에 대한 배려 등을 강조한다는 면에서 강한 윤리적 함의를 가지고 있다(Hosmer, 1995). 예를 들어, Cook과 Wall(1980)은 신뢰란 상대방이 선의(good intention)를 가지고 있으며, 그 선의를 수행할 역량을 가지고 있다고 확신하는 정도(confidence)라고 정의하였다. Robinson(1996)도 신뢰란 타인이 미래 행동이 자신에게 호의적이거나 또는 최소한 악의적이지는 않을 가능성에 대한 기대와 믿음(expectation and belief)이라고 규정하였다. Sabel(1993)도 유사한 입장에서 신뢰란 교환관계에 있어서 어느 한쪽이 다른 한쪽의 취약점을 악용하지 않을 것이라는 확신(confidence)이라고 규정하였다. Cummings와 Bromiley(1996)는 상대방이 명시적(explicit), 묵시적(implicit)으로 약속(commitment)에 따라 행동하기 위해 충실하게 노력할 것이며, 양자 간 관계에 관련된 협상에서 정직하게 행동하고, 또 기회가 있더라도 거래 파트너를 과도하게(excessive) 착취하면서까지 이기적 이익을 추구하지 않을 것이라고 믿는 정도라고 정의하였다.

이상에서 제시한 신뢰의 개념정의들은 대부분 상대방이 선의(goodwill)적 방향으로 행동할 것이라고 예측하는 기대(expectation)에 초점을 맞춤으로써 폭넓은 의미에서 합리주의적 입장을 취하고 있다고 볼 수 있다.

합리주의적 개념정의와는 달리, Lewis와 Weigert(1985)는 신뢰란 이해관계의 계산에 근거한 도구적 합리성(instrumental rationality)이 예측하는 기대를 넘어서는 인지적 신념(cognitive belief)이라고 주장하였다. 즉, 도구적 합리성에 따르면, 타인이 기회주의적으로 행동할 가능성이

클 때도, 그렇지 않을 것이라고 믿는 것을 신뢰라고 보는 것이다. 이러한 측면에서 Lewis와 Weigert는 신뢰의 핵심 구성 요소로 감정적(emotional) 유대감을 강조하였다. 즉, 신뢰란 상대방이 배신을 통해 더 큰 경제적 이익을 얻을 수 있음에도 불구하고 자신의 복지를 존중하고 윤리적으로 행동하리라는 비일상적인 믿음을 가능하게 하는 감정적 유대감이라는 것이다.

Mishra(1996)는 신뢰를 행동수준에서 정의하였다. 그는 신뢰란, 타인이 충분한 역량을 가지고 있고(competent), 개방적이며(open), 나의 복지에 대해 염려하며(concerned), 그리고 의존할 수 있다는(reliable) 신념에 기반을 두어, 그 타인에게 기꺼이 자신을 취약한(vulnerable) 상태로 맡겨 두는 행동이라고 규정하였다. Deutch(1962)도 신뢰란 만일 타인이 자신의 취약성을 악용하는 경우에 발생하는 자신의 효용에 대한 타격이 그렇지 않은 경우의 이익을 초과하는 상황에서 자신이 통제할 수 없는 타인에 대한 취약성을 증가시키는 '행위(actions)'라고 규정하였다.

이상에서 제시한 신뢰의 개념정의에 대한 세 가지 다른 접근들은 각기 인지적(cognitive) 차원과 감정적(emotional) 차원 그리고 행위적 차원에서 신뢰라는 현상을 규정하려고 한다는 인식론적 차이가 있지만, 그 개념정의의 내용(contents)적 측면에 있어서는 상대방의 윤리성에 대한 믿음을 핵심으로 하고 있다는 공통점을 가지고 있다. 즉, 신뢰란 상대방이 악의적(mal-intended)이거나 기회주의적(opportunistic)으로 행동하면 선의적으로 행동하였을 때보다 더 큰 이익을 얻을 수 있음에도 불구하고, 선의(goodwill)적인 방향으로 행동할 것이라는 믿음에 기반을 두고 있다는 면에서 강한 윤리적 성격을 내재하고 있는 변수이다.

신뢰의 개념에는 선의적 행동, 정보의 정직한 공개, 상대방의 복지 배려, 자신의 과도한 이기적 이익추구의 절제 등 회계윤리에서 강조하는 주요 개념들이 내재되어 있다. 이러한 측면에서 Hosmer(1995)는 신뢰의 개념이 경영이론과 윤리 사이의 연결고리라고 주장하였다.

2. 회계 갈등의 원인과 신뢰의 역할

2.1 회계 갈등

1) 회계 갈등의 유형과 원인

Goldman와 Barlev(1974)는 세 가지 유형의 회계 갈등 유형을 제시하였는데, 첫째, 감사인과 감사대상회사 간의 갈등, 둘째, 주주와 경영자 간의 갈등, 셋째, 회계전문가의 이익과 회계기준 간의 갈등이 그것이다. 또한 Mills와 Bettner(1992)는 일반 대중과 회계전문가의 갈등은 사회적, 정치적, 환경적 이슈에 대한 대중의 관심을 만족시켜야 한다는 것을 요구하고 있고, 특히 회계보고는 기업의 재무상태 이외에 기업과 관련된 다른 이슈에도 회계보고책임을 수행하도록 하는 요구에서 파생된다고 주장하였다. 이러한 주장은 회계가 처한 정확한 환경과 프로세스에 대한 이해 없이 이러한 일반 대중의 과도한 회계책임(accountability)을 요구하는 것은 회계전문가와 정보이용자 간의 갈등을 야기하는 원인으로 작용한다는 것이다. 이러한 갈등구조 관련 연구의 예로, Perk(1993)은 회계감사에서 발생되는 갈등의 원인으로 합리적인 감사가격으로 회계법인의 고품질 감사서비스 제공 여부를 제시하였고, 직접적인 발생은 기업의 경제활동에 관한 객관적이고 신뢰할 수 있는 정보에 대한 사회의 수요와 회계법인의 이익 간 이해충돌에 의해 야기된다고 주장하였다.

2) 회계감사인의 역할 갈등

회계감사인의 경우에 역할 갈등이 가장 대표적인 갈등구조로 인식된다. 역할 갈등의 원인을 살펴보면, 감사인은 외부 이해관계자의 요구를 만족시켜야 하며 동시에 감사를 의뢰한 감사대상회사의 요구도 충족시켜야 하는 입장에 놓여 있는데(Sorensen & Sorensen, 1974), 양쪽의 기대는 일 반적으로 상충하기 때문이다. 즉, 회계감사인은 의뢰인(고객회사)에 대한 책임과 외부 이해관계자에 대한 책임을 동시에 부담하고 있음을 알 수 있다(Epstein & Spalding, 1993). 이러한 점이 회계감사인이 직면한 역할 갈등의 주요 원인이고 윤리적 딜레마의 출발점이 된다.

감사인의 역할 갈등은 감사인 개개인 입장에서 전문직업인에 대한 만족과 감 사업무의 품질에 영향을 주고(Senatra, 1980; Sorensen & Sorensen, 1974), 회계의 신뢰와 회계법인 조직의 유효성을 저하시키거나(Kahn et al., 1964; House & Rizzo, 1972), 감사인에 대한 사회적 부정적 시각을 유도 하고(Miles, 1975; Miles & Perreault, 1976), 감사인이 담당하는 직무 에 대해 저평가하거나 비하할 수도 있고, 업무의 오류도 증가시킬 수 있다. 또 한 사회적 입장에서 볼 때, 역할 갈등은 회계감사의 독립성 상실과 공정 감사환 경을 저해시켜 총체적인 회계윤리문제를 파생시킬 수 있다.

또한 회계감사의 갈등구조는 감사인과 감사대상회사 간의 힘의 불균형에 서 발생되기도 한다. 힘의 균형이란 감사대상회사가 감사인으로 하여 전문직 업기준에 의존하지 못하게 하는 압력(즉, 감사대상회사의 힘의 원천)과 그 압력에 대처하는 감사인의 능력(즉, 감사인의 힘의 원천) 간의 균형을 의미 한다. 감사대상회사의 힘의 원천은 감사시장이 구매시장이라는 사실, 감사계 약조건의 결정권, 감사인의 선임 교체권, 감사사실에 필요한 증빙자료 제공 권 등에서 비롯된다. 한편 감사인의 힘의 원천은 감사인이 제공하는 서비스 의 질과 전문직업윤리규정에서 비롯된다(Nichols & Price, 1976). 특히 이러한 힘의 불균형에 따른 갈등구조는 감사보고서가 전문직업기준에 따르지 못하도록 압력을 가하게 되고, 또한 감사인 윤리기준의 핵심 개념인 독립성 에 위협을 가하게 된다.

2.2 기대 차이

미국에서 사회적으로 크게 대두된 개념인 기대 차이는 회계감사 분야에서 집중적으로 제기된 개념으로서, 회계감사인 스스로 기대 차이를 해소하기 위한 자발적 노력의 요구에 기원을 두고 있다. 이 당시에 나타난 부정ㆍ오류에 대한 의회 차원의 여러 특별위원회의 보고서에서 나타난 일반 대중의 감사에 대한 기대는, 경영진의 부정으로부터의 보호, 감사의견의 조기 경보 기능, 회사의 재정적 건강상태에 대한 확인, 감사인의 독립성에 대한 보다 강력한 보호막 기능 등을 회계감사가 충족시켜 주기를 원하는 것이었다.

회계의 환경과 프로세스에서 파생된 구조적 문제들은 회계와 정보이용자 간의 갈등구조를 유발하게 되고, 이것은 회계전문가(예, 감사인, 회계담당자 등)와 정보이용자 간의 기대수준이 반드시 일치하지는 않으며, 특히 회계윤리에 대한 심각한 기대 차이가 존재할 수 있다는 것을 의미한다. 이러한 예로, 최근의 미국에서는 회계감사인과 정보이용자 간의 기대 차이 증가로 인한 감사소송 건수가 급격히 증가하였다.

미국과 영국을 비롯한 영연방 국가에서는 1980년대부터 갈등구조에 따른 기대 차이 연구를 수행하였다. 특히, 미국에서는 이러한 연구결과를 토대로 감사기대 차이에 관련한 9개의 감사기준을 개정 발표하였고, 오스트레일리아에서는 정보이용자들의 감사에 대한 이해를 돕기 위해 감사보고서 양식을 수정하는 일련의 조치를 취하였다. 반면에 우리나라에서는 미국의 감사기준을 준용하여 감사기준을 개정하였으나, 우리나라의 현실에 대한 반영이 부족하여 우리 현실에 적합한 것인지에 대한 검증이 이루어지지 않고 있다.

1) 개 념

Liggo(1974)는 기대 차이를 "독립된 회계전문가와 재무제표이해관계자들이 기대하는 업무성과 수준 간의 차이"라고 정의하였다. Guy와 Sullivan(1988)

은 기대 차이를 "일반 대중 및 재무제표이용자들이 인식하고 있는 회계전문가의 책임범위와 회계전문가가 인식하는 책임범위 간의 차이"라고 정의하였다. 한편, Cohen Commission(CAR)에서는 기대 차이 개념 중 감사기대 차이를 "일반 대중이 기대 또는 요구하는 것과 감사인들이 수행 가능하고, 합리적으로 수행해야 할 것으로 기대되는 것 간의 차이"라고 정의함으로써 감사인의 업무성과에 대한 막연한 기대수준을 감사인들이 합리적 수준에서 수행 가능한 업무성과 수준으로 구체화하고 있다.

Canadian Institute of Chartered Accountants(CICA)에서 발간한 『일반 대중의 감사기대에 관한 연구 보고서』에서는 감사기대 차이를 "일반 대중의 감사에 대한 기대수준과 실제 감사실무에 대한 지각수준의 차이"라고 정의하였다. 그리고 동 보고서에서는 기대 차이를 구성하는 부분을 크게 기준 차이와 성과 차이로 구분하고, 각 차이를 다시 일반 대중의 기대와 지각이 합리적인가에 따라 합리적 차이와 비합리적 차이로 구분하였다.

Miller와 Bettner(1992)는 회계의 기대 차이를 여러 유형으로 분류하고 그 차이의 발생원인을 회계전문가와 정보이용자 두 집단 간 또는 각 집단 내에 갈등이 존재하기 때문이라고 보고 다음과 같은 차이 유형을 제시하였다.

(1) 기대 차이

이것은 회계전문가의 책임에 대한 일반 대중과 회계전문가 간의 인식 차이를 의미하며, 이러한 기대 차이의 예로는 감사인의 감사보수 대 고수준 감사품질 제공의 딜레마, 사회적, 정치적 및 환경적인 문제에 대한 일반 대중의 높은 관심을 만족시켜야 하는 압박감, 자율 대 사회규제의 수준의 결정 등이 있다.

(2) 서비스범위 차이

이것은 회계전문가가 제공해야 하는 업무의 범위에 대한 회계전문가와 정보이용자 간의 인식 차이를 의미한다. 특히 감사인의 경우에는 주요 업무인

증명업무 이외에 비감사업무인 경영자문서비스의 제공과 관련된 갈등에 의해 나타난다. 이러한 갈등은 감사인의 독립성과 연결되며, 피감사회사의 경영자에게 제공되는 감사인의 서비스의 수준이 다양할수록 객관성을 유지하기가 어렵게 된다.

(3) 경쟁에 의한 차이

이것은 회계전문가 간의 치열한 자유경쟁체제 속에서 발생되는 전문가 간의 기대 차이 유형에 해당된다. 최근 외부 감사시장의 글로벌화와 시장 개방에 따라 우리나라 회계법인 간의 경쟁적 행동과 갈등 등이 증폭되고 있는 실정이다. 특히, 감사수임에 대한 법인 간의 경쟁이 심화될수록 감사서비스의 질이 저하되고 감사인의 독립성을 상실할 가능성이 높아진다.

(4) 역할 불확실성의 차이

회계전문가에게는 외부 이해관계자와 고객 기업(예, 감사의뢰회사)에 대한 각각의 책임이 있다. 이러한 상반된 책임구조로 인해 감사인은 회계법인이 소속감사인에게 제시하는 가치 및 규범과 감사인 자신의 가치 및 규범 사이에서 갈등을 느낀다.

2) 감사기대 차이 요인

최근까지 연구는 회계의 기대 차이 중 회계감사에서 발생되는 회계감사기대 차이 연구가 집중적으로 수행되어 왔다. 특히 기존의 연구에서 기대 차이에 영향을 주는 요인으로는 감사인의 질적 특성, 감사업무 및 감사 결과의 보고 등 크게 세 가지 측면이 제시되고 있다. 감사인의 질적 특성은 감사인의 독립성, 신의 성실성 및 업무 수행능력 등이 있고, 감사업무에 대해서는 감사인의 역할과 책임 등이 있으며, 감사 결과의 보고에 대해서는 감사보고서 내용 및 감사의견의 확신 정도 등이 감사기대 차이에 영향을 미치는 요인으로 고려된다.

Glock과 Jager(1993)는 감사인의 역할, 회계법인 간의 경쟁, 감사보고기준, 감사인의 태도, 감사인의 지식과 교육, 감사직업에 대한 자율 규제과정, 감사 결과의 전달 등 7가지를 기대 차이 요인으로 제시하였다. 특히, 감사인의 독립성은 공인회계사 윤리와 밀접하게 관련된 특별한 속성으로 만일 감사인의 독립성이 유지되지 못하면 정보이용자들의 기대에 크게 미치지 못할 것이라고 보았다. 또한 감사인의 자율 규제는 그 성공여부가 감사인이 얼마나 자율규정을 잘 준수하고 부실감사인들을 얼마나 징계 처분을 주었는가에 있지 않고, 대신 정보이용자들이 생각하기에 얼마나 자율 규제를 잘 운용하고 있는가에 있다고 보았다. 감사인 자체의 자율 규제과정에 대한 정보이용자들의 불만은 감사인에게 보다 많은 회계보고책임을 요구하고 되고, 이는 감사인의 사회적 책임을 의미한다.

Institute of chartered accountants in Ireland(ICAD)의 재무보고위원회(The Financial Reporting Commission)에서 작성한 『재무제표이용자의 기대에 관한 조사위원회의 보고서(Report of the Commission of Inquiry into the Expectation of Users of Published Financial Statements』에서는 정확성, 계속기업으로서의 존속능력, 도산 가능성에 대한 조기 경보책임, 부정과 불법행위의 적발, 감사관련법규와 감사기준, 정당한 주의 의무, 감사보고서, 감사인의 독립성, 감사인의 규제 등 9가지를 기대 차이의 요인으로 보았다. 특히, 정당한 주의 의무는 감사인의 신의 성실성과 관련된 것으로 독립성과 함께 공인회계사 직업윤리규정의 핵심 사항이다.

Humphrey(1993) 등은 기대 차이 요인으로 다음과 같은 항목을 제시하였다. 첫 번째 요인은 감사역할에 대한 불확실성으로서, 이를 구성하는 항목으로는 감사역할에 대한 정보이용자의 이해 부족, 감사인의 일반적 역할과 기타서비스, 부정적발에 대한 인식이 있다. 두 번째 요인은 감사책임과 확신에 대한 의사전달로 이를 구성하는 항목으로 감사보고서 내용, 감사의견의 확신 등이 있다. 또한 세 번째 요인은 감사서비스의 구조와 규제로,

감사인의 독립성이 여기에 해당되고, 마지막 요인으로는 감사성과의 질을 제시하고 감사내용과 감사서비스 질의 관찰 등이 있다.

특히, 회계윤리와 관련된 기대 차이 요인은 다음과 같다.

(1) 감사인의 책임

감사인의 책임에 대한 감사인과 정보이용자의 기대 차이가 발생하는 이유는 일반적으로 양 집단이 인식하고 있는 감사인의 역할이 서로 다르기 때문이다. 이러한 감사인의 책임 중 감사인과 정보이용자 간의 기대 차이가 큰 항목으로는 부정과 오류적발 책임이다.

(2) 감사인의 독립성

감사인의 독립성은 감사절차의 계획 및 수행, 감사 결과의 평가, 감사의견의 형성 및 감사보고서의 작성에 이르기까지 모든 감사업무를 수행하는 데 있어서 불편 공정한 견해를 유지할 수 있는 속성을 의미한다. 감사는 피감사회사의 경영자에 의해 작성된 재무제표에 대하여 독립적인 위치에 있는 감사인이 관련 정보의 신뢰를 제고할 목적으로 감사의견을 표명하는 것이기 때문에 엄정한 독립성의 유지는 감사인에게 요구되는 필수적 지침이며 기본적인 직무윤리가 된다(Mautz & Sharaf, 1982).

(3) 감사인의 신의 성실성

감사인의 신의 성실이란, 감사인은 감사업무의 모든 수행과정에서 전문직업으로서의 정당한 주의를 기울여 성실하게 감사를 수행해야 한다는 의무를 뜻한다. 감사인의 신의 성실에 대해서는 회계감사기준 및 준칙뿐만 아니라 공인회계사회의 직업윤리규정에 명시되어 있다. 이러한 규정은 과실유무를 판정하기 위한 최소한의 기준이다. 만일 감사인이 규정에서 요구하는 최소한의 기준만을 만족시킬 경우에는 바람직한 수준의 사회적 신뢰를 얻을 수 없게 된다.

（4） 감사인의 윤리 관련 문제 해결능력

감사인의 윤리문제 해결능력은 감사인이 감사업무 수행 시 직면하는 다양한 윤리문제에 대처하고 해결할 수 있는 능력을 의미한다. 감사인의 윤리 관련 문제 해결능력에 대한 기대 차이는 감사업무가 윤리기준에 미치지 못해서도 발생하지만 정보이용자들의 기대가 윤리기준에 규정된 내용보다 높기 때문에 발생할 수 있다. 만일 감사인과 정보이용자 간의 윤리업무에 대한 기대 차이에 기인한 것이라면 감사인의 자격요건 및 교육을 강화해야 할 것이고, 윤리기준 차이에 기인한 것이라면 감사업무에 대한 윤리기준을 더 엄격하게 규정해야 할 것이다. 예를 들어, 독일의 경우에는 전문직에 대한 직업윤리를 중시하여 공인회계사 시험과목에 윤리학을 포함시켰다.

（5） 윤리기준

윤리기준이란 감사인이 감사업무를 수행함에 있어서 감사절차와 감사실무가 윤리기준에 바르게 준수되도록 유도하는 지침 역할을 한다. 즉, 감사인이 제공하는 감사서비스의 질을 일정 윤리수준 이상으로 유지하도록 표준화시킨 것이라 할 수 있다. 구체적인 윤리기준은 일부 어려운 윤리문제의 의사결정을 용이하게 할 것이며, 일부 감사업무에 대해 감사인을 보호할 수 있을 것이다. 그러나 윤리문제는 대부분 그 형태가 다양하고 그 속성상 규정으로 명문화시키기가 매우 곤란하다. 그러나 감사가 갖고 있는 사회적 중요성이 점차 높아지고 있고, 더욱이 정보이용자들의 감사에 대한 기대가 커짐에 따라 윤리기준도 이에 부응하기 위해서는 윤리기준을 강화하는 방향으로 개정되어야 할 것이다.

2.3 회계신뢰의 역할

회계신뢰는 정보이용자와 감사인의 기대 차이에 따른 갈등구조에서 어떤 기능을 수행하는가? 여기에 대한 해답은 1980년대 말 신뢰 관련 연구가 신뢰의 경제적 효익 존재를 인식하여 출발하고 있는 데서 찾을 수 있다. 경영학의 여러 분야들에서의 연구결과는 물론이고, Fukuyama(1995) 등의 사회·문화적인 연구들도 신뢰가 경제적 번영의 기반이라고 강조하고 있다. 정보이용자와 감사인 간의 회계신뢰는 다음과 같은 핵심적 기능을 수행함으로써 사회 전반의 경제 파레토 최적을 달성할 수 있다.

첫째, 회계신뢰는 정보이용자와 감사인 간의 협상, 계약, 감시 등에 소요되는 거래비용(transaction costs)을 대폭 감소시킨다. 신뢰할 수 없는 회계감사의 경우에는 감사계약시점부터 상대방이 정보를 숨기거나 왜곡시키는가의 여부를 평가하는 데 많은 시간과 노력을 투자해야 하기 때문에 협상비용(negotiation costs)이 발생할 뿐만 아니라, 자신을 상대방의 기회주의적 행동으로부터 보호하기 위해 상세한 계약비용(contracting costs)이 높아지게 되고, 감사과정에서 상대방이 약속한 계약사항들을 충실하게 이행하는지 혹은 도덕적 해이(moral hazard)가 없는지를 감시하기 위해 많은 감시비용(monitoring costs)이 소요된다. 그러나 상호신뢰에 기반을 둔 회계감사는 이러한 비용을 대폭 감소시킬 수 있다(Williamson, 1985).

둘째, 회계신뢰는 외부 감사제도가 환경 변화에 신속하게 대응할 수 있는 유연성(flexibility)을 높여 준다. 감사계약 및 과정에서 발생할 수 있는 다양한 비가치적 비용들을 줄이는 것은 급변하는 감사환경하에서 신속한 감사제도의 변화와 적응을 가능케 한다. 상대방을 신뢰할 수 없기 때문에 발생되는 비윤리적 통제 비용을 지불하고 더 나은 감사품질 또는 외부 감사의 환경 변화의 적응을 통한 발전을 기대하는 것은 현실적으로 힘들다. 이러한 관점에서 Sabel(1993)은 신뢰는 불안정하고 역동적인 환경에서의 모든 조직의 필요조건이라고 주장한다. 즉, 현재와 같이 급변하는 세계적 감사시장의 환경 변화와 이해갈등구조에서는 과거와 같은 상호 비신뢰적 감사환경구조로는 사회적 희소자원에 대한 최적 배분을 유도하려는 감사의 순기능적 역할을 제대로 수행할 수 없다.

셋째, 회계신뢰는 감사인의 경쟁우위 원천이 될 수 있다. 신뢰적 관계가 단순한 윤리적 희생이 아니고 정보이용자와 감사인간의 활발한 정보 공유와 회계투명성에 대한 의식 제고를 달성할 수 있다면, 감사인의 사회적 책임에 대한 혁신을 창출할 수 있다. 이러한 혁신은 사회 전반을 통해 감사인의 가장 중요한 경쟁원천으로 인식될 수 있다. 그러나 만일 정보이용자와 감사인 간의 신뢰가 존재하지 않는다면, 이와 같은 감사인의 사회적 책임에 대한 혁신은 아예 시작할 수 없다. 즉, 상호신뢰가 존재하지 않는다면 미래에 자신의 이익을 위협할 수 있는 회계정보의 공개와 진실한 재무보고는 아예 기대할 수 없고, 이러한 환경에서 감사인의 사회적 책임을 달성하기 위해 최선의 노력을 기대하는 것도 현실적인 한계가 있다.

넷째, 회계신뢰는 정보이용자와 회계전문가 간의 서로에 대한 개방성과 회계의 신뢰적 환경 조성을 통해 감사제도에의 구조적 문제에 대한 해결 효과성을 높일 수 있다. 예를 들어, Zand(1972)는 신뢰가 조직의 문제 해결 과정에서 의사표현의 개방성을 촉진시키고, 다른 구성원들의 의사에 대한 수용성과 이해, 그리고 헌신을 증대시킴으로써 조직 공동목표 달성에 효과가 존재한다고 주장한다. 즉, 신뢰는 감사과정에서 그렇지 않은 경우에 비해 보다 정확하고, 적절하며, 완전하고 투명한 재무보고 및 올바른 감사의견 형성을 유도할 수 있으므로 회계의 신뢰와 회계의 긍정적 이미지를 형성하는 데 효과적이다.

다섯째, 회계신뢰는 감사인 개인수준에서 전문화와 감사제도 전제 차원에서 시너지 창출을 가능하게 하는 기반이 된다. 즉, 감사인은 신뢰적 감사환경을 통해 비가치적이고 비신뢰적 요소에 대한 통제와 감시비용을 절감시킬 수 있으므로 각기 자신의 핵심역량을 최적의 감사품질 창출을 위한 전문화에 집중하고, 이를 감사제도 전체 차원으로 통합하여 회계의 순기능에 대한 시너지 효과를 창출할 수 있다.

3. 회계신뢰와 회계환경

회계의 개념과 기준은 각국의 정치, 법률, 경제 및 문화 등과 같은 환경적 자극에 의하여 탄생되며 조화를 이루고 진화하며 성장한다(Littleton, 1966). 회계실무는 각국의 고유한 문화적 특징을 내포하고 있어, 회계가 경제실체의 경제적 활동을 인식, 측정 보고하는 단순한 중립적인 정보 생성 과정으로 더 이상 인식되지 않고 있다. 특히, 회계문제는 회계자체의 프로세스와 정치, 사회, 경제 및 문화 등과 상호작용을 통해 발생되므로 회계를 둘러싼 환경의 특징에 대한 이해 없이 외형적 현상만으로 접근하여서는 회계실질과 괴리가 생길 수 있다(FASB, 1978; Zeff, 1971).

회계문제를 논의함에 있어서 회계환경의 의미를 정확하게 분석하기 위해서는 사회실체(the reality of world)에 대한 정확한 분석이 요구된다. 특히 회계와 같이 실무를 중요시하는 분야는 개인과 사회구조 간의 상호작용으로서 사회과정(social process)에서 접근할 것이 요구되는 것이다(Zaltam, 1978; Cole & Scribner, 1974).

3.1 회계의 외적 환경

1) 정치환경

우리나라의 정치행태의 가장 큰 특징은 권위주의이다. 조선왕조의 왕정 중앙집권체제, 일본 식민정치, 해방 후 이승만 정권 이래로 권위주의식 정치행태는 계속되었고(최한수 1997; 한완상, 1992), 수직적 계층을 전제로 한 정치문화는 우리나라의 모든 인간집단 상호간에 사고와 행위에 영향을 주면서 아직도 우리 생활 깊이 자리잡고 있다(이수윤, 1998; 박현모, 1998; 최붕영, 1996).

권위주의 정치체제는 모든 국가행정조직에서도 권위주의적 상하관계를 요구하고, 행정운용 과정에서도 법률, 규칙보다는 상급자의 권위와 위신을 맹목적으로 복종하도록 강요한다(허범, 1988; 한완상, 1992). 특히 정치권의 기업에 대한 직·간접적 통제와 이에 편승한 정치와 기업 간의 정격유착 비리가 매우 심하게 발생하고 있다. 특히 이러한 정치환경 속에서 기업은 막대한 정치권 로비 및 지원자금을 조달하고 운용하기 위해 비윤리적이고 부정적인 회계처리 및 보고 관행을 유지하는 것은 최근까지 보편적인 현상이었다.

2) 사회문화적 환경

우리나라 사회의 전통적 가치구조는 혈연적 가족주의와 지역·학연 연고주의에 기초한 특수주의이다(박영신, 1996). 우리나라에서의 가족주의는 가족이나 친척의 범위를 넘어 정치와 제도, 문물, 규범, 생각과 행위, 가르침과 배움, 풍습 등 넓은 사회관계로 확대되었다(최재양, 1965; 박영신, 1996). 이로 인하여 우리나라의 대다수 국민의 의식은 친분적 혈연관계에 일차적 가치를 두는 가족주의적 사고에 의해 지배된다. 또한 우리 사회의 특수주의는 인간관계가 각종 연(緣)에 의한 특수관계적 사고가 뿌리깊이 잠재하여 사회가치가 지연·학연과 같은 사고에 의해 역시 지배된다.

이러한 사회가치는 특수한 문제에 직면하는 경우 사회 전체의 공익보다 개인 또는 조직의 이익을 우선시하는 도덕적 해이를 쉽게 유도하고, 이는 사회화 과정에서 개인의 자율성과 사회의 공평성을 저해하는 두 개의 해악을 가져오며(이상주, 1990), 파슨스의 '보편주의(universalism)'에 대비되는 특수주의적 지향성을 가진다(Turner, 1993).

이러한 사회문화적 가치는 때에 따라서 회계의 기본개념 중 중립과 신뢰에 순기능보다 역기능으로 작용할 수 있고, 특히 기업 내부의 회계담당자가 직면하는 윤리적 딜레마에서 객관적이고 합리적인 의사결정보다는 혈연, 학연, 지연 등과 같은 특수성에 의해 모든 윤리적 행위가 결정되는 도덕적 해이를 유발한다.

3) 경제환경

(1) 정부주도형 경제

정부가 주도하는 경제정책 환경에서 기업과 정치는 불가피한 유착관계를 갖게 되고, 정치권은 정치자금의 조달원으로서 기업을 선호하며 기업은 정치자금을 공급함으로써 정치혜택을 기대한다. 따라서 기업은 공정한 경쟁규칙에 따르는 자유시장원리에 입각하지 않고 정치권력의 비호 및 특혜 등 공정성을 깨는 변칙 경영을 추구하게 된다(조동성, 1990).

(2) 관치금융과 잘못된 금융 관행

우리나라의 금융환경의 특징 중 하나는 관치금융이다. 일반 금융회사의 업무가 정치 및 정부의 입김에 따라서 합법적인 절차와 규범이 무시되고, 이로 인한 경제 폐해가 현재까지도 매우 심각하게 나타나고 있다. 또한 금융기관도 기업 대출심사에서 재무제표를 형식적으로 이용하거나, 일부 항목(예, 당기순이익 등)에 대해서는 지나치게 강조함으로써, 기업에서 회계비리 및 부정을 촉진시키는 요인으로 작용하는 금융 관행을 형성하고 있다.

(3) 과세정책의 잘못된 관행

우리나라에서의 기업은 당기순이익이 발생하는 경우보다 당기순손실이 발생하는 경우 더 많은 세무조사를 받기 때문에 인위적으로 재무제표를 조작할 동기를 갖는다. 또한 정부도 세수목표를 설정해 놓고 이 목표에 미달하거나 세수가 부족한 경우 기업에 대해 다양한 세무압박을 통해 과세표준의 인위적 상승을 유도한다.

(4) 자율시장 규제 기능의 미비

우리나라 대부분의 경제정책은 정부주도형이고 공적 규제를 기본 근간으로 한다. 따라서 서구 사회와 같은 시장원리에 입각한 자율 규제를 통한 정화 기능이 부족하다. 특히, 최근까지 회계기준의 제·개정에 관련된 권한이 일부 정부기관에 예속되어 미국과 같이 다양한 정보이용자들의 합의와 연구 노력이 결집된 사회적 산물로 탄생되지 못하고, 인위적 또는 정부편의에 따라 회계기준이 제정되는 공적 규제형 기준형태였다.

4) 기업환경

(1) 재벌 경영

우리나라 기업의 특징은 직계가족(immediate family) 또는 혈족(blood family)에 의한 재벌 및 계열 경영구조를 가지고 있는 것이다. 재벌기업의 소유주인 자신은 적은 주식을 보유하고 있으나 특수관계인, 계열회사 등의 간접적 지배구조로 회사를 지배하고 있으며, 소유주 자신은 재벌 총수로서 기업에 대해 절대적 지배권을 행사하고 있다. 이들 재벌기업의 총수는 회사의 신설, 매각 등 주요 의사결정을 마음대로 할 수 있으며, 이에 따라 상호지급보증에 의하여 과다차입 경영을 감행하면서 주력회사로부터 계열회사를 늘려 성장·확대하고, 문어발식 경영, 선단식 경영에 치중하였다(이우택, 1999).

반면 대부분의 재벌기업은 재벌 총수에 대한 통제 또는 견제 기능이 미약하다. 재벌 총수는 부채비율을 높게 하는 차입 경영을 선호하게 되고, 금융기관의 대출기준도 정치적 결정과 기업집단들의 상호지급보증에 의하여 실행되었다(정광선, 1998). 이에 따라 재벌기업의 경영은 회계감사와 같은 통제 기능에 의해 조절되기보다는 재벌 총수 개인의 생각과 독단적 경영 관행에 따라 움직이게 되고, 기업의 회계시스템이 산출하는 재무정보의 객관성과 신뢰는 상대적으로 도외시되고 있다.

(2) 기업의 비효율적 운영 및 과잉투자

재벌기업의 계열회사 간의 상호지급보증, 자금지원 및 내부거래와 독립성이 결여된 경영실태는 우리나라 기업의 가장 대표적인 비효율적 운영 사례들이다. 특히, 일부 기업의 내부거래와 경영 투명성 결여, 무분별한 신규투자, 전문경영제체 미흡, 지배주주에 의한 비공시적 경영과 책임회피, 내부통제시스템 미비, 기업지배권 세습 등은 총체적인 우리나라 기업의 위기를 불러온 원인이기도 하다. 이러한 일부 기업의 비효율적 운용은 금융기관의 관치금융 관행과 연계되어 기업의 방만한 차입 경영과 부실대출로 이어진 대우사태와 같은 총체적 경제위기를 불러오고 있다.

이러한 기업의 비효율적 운영에서 회계정보시스템은 객관적이고 신뢰적인 재무정보를 산출하는 통제 및 보고 기능을 수행하지 못하고, 대부분의 경우 그러한 비효율성을 은폐하는 도구로 전락하여 일반 대중들의 회계윤리에 대한 의식에 부정적인 영향을 주고 있다.

(3) 기업윤리수준

1990년대에 들어서 미국 경제가 급성장한 이유 중 하나로 기업 경영의 투명성과 윤리성을 꼽는 전문가들이 있다. 우리나라의 경우 30대 기업 중 기업윤리강령을 채택한 기업이 10여 개에 불과하고 그나마 대부분 선언적 문구로 채워 서랍 안에 묻어두고 있는 실정이다(동아일보, 2001. 4).

기업윤리는 회계윤리의 필수조건으로서 기업의 윤리 의식이 바로 서지 않는 기업에서 생산하는 재무정보의 신뢰를 기대하기는 극히 어렵다. 특히, 최근 회계분식과 같은 비윤리·불법적인 회계사건들의 대다수가 회계윤리적 차원 이전에 기업윤리문제에서 그 원인을 찾아야 하는 것과 일맥상통하다.

3.2 회계의 내적 환경

회계의 외적 환경이 회계에 대해 직·간접적으로 영향을 주고받는 다양한 외부 요인들의 구조적 측면을 의미한다면, 회계의 내적 환경은 회계 자체의 프로세스를 의미한다. 실질적으로 회계의 기능이 수행되는 과정과 그러한 과정을 움직이는 동인으로는 회계가치, 개념, 기준, 실무, 감사제도, 회계담 당자와 공인회계사의 윤리의식 등을 의미한다.

회계 프로세스에 대한 검토는 우리나라 회계의 실질적인 구조적 특징과 그에 따른 회계와 정보이용자 간의 갈등구조에 대한 사전적 검토과정을 의 미한다. 이러한 검토과정은 회계신뢰 문제에 대한 내부적 차원의 시각을 제 공한다. 특히 이것은 회계 프로세스 과정에서 파생될 수 있는 회계윤리문제 의 특징과 그에 대한 의미를 제공할 수 있다.

1) 회계제도 도입 역사의 취약성

우리나라의 경우 1981년부터 시행된 『주식회사의 외부 감사에 관한 법률』 에 의하여 주식회사에 대한 외부 감사가 실시되면서부터 어느 정도의 회계 제도의 틀을 마련하기 시작했다(한국공인회계사회, 1992). 특히, 우리나라 는 정부가 법령적 성격의 회계제도를 정착시켜 왔고, 정부주도로 경제계획 을 수행하기 위하여 대규모 외국차관을 들여와 산업분야를 육성하는 과정에 서 대다수 회계제도들을 제정하게 되었다. 그러나 우리나라 회계역사의 기 간적 짧음과 국가경제의 급속한 성장에 비해 자본시장의 여건 미숙과 정치 적 경제논리 속에서, 회계제도는 본연의 의무와 기능인 정보이용자의 의사 결정을 지원할 수 있는 목적 적합하고 신뢰적인 정보 제공과 같은 회계목적 을 왜곡시켜 왔다.

또한 우리나라의 회계역사는 1980년대 이전까지 세법상의 회계가 기업회 계를 대신하여 왔고(임채주, 1991), 장구한 회계역사를 갖고 있는 서구 회 계와 비교하여 그 회계적 개념과 이론이 취약한 상황이다(이우택, 1997). 특히, 우리나라는 우리의 회계실무를 기본 근간으로 회계제도를 진화시키지 못하고, 대부분 미국을 중심으로 한 회계기준들을 직수입하는 과정에서 미 국과 실질적으로 상이한 회계 정체성과 같은 정신적 측면을 정확하게 파악 하지 못하고, 그저 제도만을 도용하는 수준에 머물고 있다. 이러한 과정은 회계제도와 실무 간의 충돌과 부적응을 유발하는 잠재적 갈등의 원인으로 작용할 수 있다.

2) 회계개념구조의 취약성

회계개념구조는 다양한 정보이용자의 참가와 합의라는 사회적 협의를 거쳐 이루어지는 사회적 과정의 산물이라는 독특한 특징을 갖고 있다. 특히 미국은 회계의 정체성을 이러한 사회적 합의의 산물 개념에서 출발하고, 회계개념구조에 대한 연구를 오랫동안 심층적으로 실행하여 회계기준과 정책을 입안하는 데 시종일관성을 유지하고 있다.

그러나 우리나라 회계는 회계기준의 세부 내용은 거의 미국 또는 국제기준을 도입하면서도 개념구조에 대한 명확한 이해와 방향성이 부족하다. 그래서 개별 기업회계기준의 제정 및 그 당시 환경과 분위기에 크게 좌우받게 되어 회계 전반에 대한 유기적 해석과 논의 전개가 어렵다(신준용, 1993; 이대선, 1994).

3) 회계기준 제정상의 문제

우리나라 회계기준 제정은 기업계나 회계단체의 노력으로 자주적으로 발전하기보다는 국가의 법률체계로서 세법이 기업회계를 주도하였고 이로 인해 재무회계는 상대적으로 무시되어 왔다. 이러한 풍조는 1980년대까지 계속되다가(임채주, 1991) 최근 외환위기 이후 일부 회계학자들에 의해 다양한 관점에서 회계기준과 관련된 연구가 진행되고 있다.

최근까지 우리나라의 회계기준 수립은 금융감독원에 의해 적절한 회계기준을 수립하기 위한 민주적이고 자주적인 절차가 충분히 지켜지지 않은 채 관료적이며 비공개적인 과정으로 진행되었다(이우택, 1999). 따라서 이러한 과정을 거친 회계기준은 사회적 수용성과 신뢰가 떨어지고, 결국 정보이용자들이 의사결정에서 회계정보보다 다른 비재무적 정보를 더욱 신뢰하는 회계적 위기를 초래하고 있다.

4) 외부 감사제도의 문제점

외부 감사제도는 기업이 산출하는 재무제표의 신뢰를 확인하기 위하여 공인회계사가 객관적으로 자료를 수집하고 평가하여 그 결과를 정보이용자에게 전달하는 과정이다. 그러나 우리나라의 외부 감사제도는 고유한 내재적 문제로 인해 정보이용자와 공인회계사 간의 갈등을 증폭시키고, 사회 전반에서 발생되고 있는 회계 불신풍조가 거의 이러한 갈등구조 속에서 파생되고 있는 것이 현실적 상황이다.

(1) 외부 감사에 대한 인식

우리나라 기업은 외부 감사를 기업이 작성한 재무제표의 객관성에 대한 신뢰 확보와 이에 따른 자본시장에서 기업 경영의 투명성을 인증받는 제도로 거의 인식하지 않는다. 기업은 회계감사를 받음으로써 기업의 사회적 책임을 완수할 수 있다고 생각하기보다는 부정적발이나 업무감사로 잘못 인식하였으며 심지어는 무익하지만 법규상 어쩔 수 없이 수감하는 소극적인 태도를 보인다(권수용과 최창규, 1996).

(2) 감사수임제도

우리나라는 1982년 이전까지 공인회계사회에서 주로 구성공인회계사의 수에 따라 감사대상회사를 설정하는 배정방식에 의한 수임제도를 채택하여 왔다. 그러나 이러한 방식이 공인회계사업계의 건전한 자유경쟁체제와 발전을 저해한다고 보고, 1982년부터 기본적으로 자유수임제도로 전환하여 오늘날에 이르고 있다. 그러나 자유수임제도의 성공 조건은 감사품질의 차별화가 가능하고, 부실감사에 대한 효율적인 감리제도의 시행 및 손해배상청구 등의 적절한 통제장치들이 존재해야 한다.

그러나 우리나라의 경우 감사인의 감사품질보다는 특수관계(예, 학연, 지연 등)에 의해 감사수임이 이루어지거나 감사업무의 수임경쟁을 유발시켜 감사인의 독립성을 저해하는 중요한 요인으로 등장하고 있다(이만우, 1988; 정문종, 1994). 그리고 자유수임제도를 실시할 당시, 많은 정보이용자들이 감사인의 독립성 침해와 회사 입장이 강화될 것이라는 점을 예견했고, 자유수임제도는 미국의 제도를 그대로 모방함으로써 우리나라의 현상을 고려하지 못한 시기상조 제도라는 반응이 일부 존재하였다(이근수, 1984).

또한 자유수임제도는 감사대상회사가 의견구매(opinion shopping) 목적으로 감사인 선임을 이용할 여지를 주고, 감사의견이 경영자에게 불리한 경우 감사인 교체, 의견구매 현상 또는 감사계약 시에 경영자와 감사인 간에 어느 정도의 담합을 가능케 하는 의견덤핑(opinion dumping) 현상을 초래하여 공정 감사를 저해하고 감사품질을 초래하는 요인으로 작용한다(정규언, 1994). 특히 자유수임제도는 감사인 교체 시 윤리수준이 낮은 후속 감사인 선임을 통해 감사대상회사의 감사교체 목적 달성이 가능하므로 기존 감사인은 경영진의 비윤리적 압력에 저항에 상당한 갈등을 유발한다.

(3) 감리제도

감리제도는 회계감사의 공정성·신뢰를 제고하는 제도 장치 중의 하나이다. 미국에서는 자율적 순환감리(peer review)를 실시하고 그 결과 감사인 조직 전반에 대한 의견이 표명된 감리보고서를 발행하는 자율 규제에 입각한 견제 및 통제시스템이 구축되어 있다.

우리나라는 상장법인의 감사업무에 대한 감리는 증권감독원 감리국에서 수행하고 있으며, 비상장법인의 감사업무에 대한 감리는 한국공인회계사회의 회계감사감리위원회에서 수행하고 있다. 그러나 이러한 이원체제에 의해서는 감리정책 및 행정의 일관성이 유지되기 어렵고 감리업무의 대부분이 법적 또는 는 행정적 처분 형태로 이루어지기 때문에, 장기적이고 실질적으로 외부 감사의 신뢰를 제고할 수 있는 자생적 자율 규제 체제가 미흡한 실정이다. 특히 감리대상에 선정되어 감리결과 지적 사항이 발견되었다고 하더라도 감사인에 대한 벌칙이 감사업무에 지장을 줄 정도가 아니기 때문에 감사인은 감리에 대한 위험을 크게 느끼지 못하고 있다(권수영과 최창규, 1999).

(4) 감사보수체계

회계감사서비스에 대한 가격인 감사수임료는 감사인의 인력 및 설비 투입에 대한 보상과 감사의견의 표명에 따른 법적 위험에 대한 보상의 두 변수로 결정된다고 볼 수 있다(이만우, 1994). 회계감사서비스에 대한 적절한 보상은 감사의 질적 수준을 유지하기 위해 필요하다. 그러나 우리나라의 감사수임료 수준이 선진국의 20~30%의 수준으로 지나치게 낮은 것은 분명히 문제가 된다(정명환과 한기택, 1999).

이는 감사보수가 적정선에 미치지 못함으로 인해 불충분한 감사시간을 투입하게 되어 부실감사라는 비난의 원인이 되기도 한다. 경제적 위험 보상관점에서 보면, 최근 논의되고 있는 소액주주의 권한보호 방안과 더불어 향후 더욱 빈번해질 것으로 예상되는 감사인 상대 손해보상청구소송과 관련하여 감사인이 부담하여야 하는 금전적 위험을 보상하기는 어렵다. 이러한 상황에서 최근의 감사수임료의 자율화는 현재의 감사서비스 시장상황을 고려할 때 심각한 문제가 발생할 것으로 우려되기도 한다.

(5) 직업윤리제도

Louis Harris & Associates(1986)의 연구에 의하면, 타 전문 직종에 비해 감사인의 윤리수준에 대한 일반 대중의 인식도는 매우 높은 반면, 일반 대중은 '실현할 수 있는 것 이상'을 공인회계사에 기대하는 소위 '사회기대간격' 현상이 존재한다고 보고하였다. 이러한 결과는 감사인은 그 업무수행에 있어 이상적 수준에 조금만 미치지 못하여도 사회로부터 쉽게 비판의 대상이 된다.

이러한 상황에서 한국공인회계사회는 회원들의 윤리적 갈등해결을 위한 지침을 마련하고 정보이용자들의 감사인에 대한 요구를 충족시키기 위해 자율적으로 '공인회계사직업윤리규정'(이후 직업윤리규정)을 1961년에 제정한 이후 여러 차례 개정하였다. 공인회계사회는 지속적인 윤리교육과 윤리규정 위반자에 대한 처벌을 강화함으로써 감사인의 윤리의식을 제고하려는 노력을 해 왔다.

그러나 한국공인회계사회의 현 윤리교육 및 윤리규정은 많은 점에서 근본적인 한계점을 내포하고 있다. 먼저 징계 위주의 현 윤리제도는 비윤리적 행위 근절에 영향을 주지 못하고 있다. 징계정책이 효과적이기 위해서는 비윤리행위에 대한 적발 가능성이 높아야 하는데, 현 징계체제는 적발 가능성이 낮고 회원들의 비윤리적 행위에 대한 예방효과가 의문시된다. 또한 직업윤리규정이 윤리문제에 관련된 갈등해결을 위한 지침으로 적절하지 못하는 이유로는 현 규정의 일부 용어들이 매우 추상적이며 일부 개념의 누락으로 실제 응용 활용성이 떨어진다.

우리나라 윤리의 체제가 대부분 규칙윤리 형태이므로 아무리 잘 정비하여도 모든 경제 및 윤리행위를 열거할 수 없고, 단순히 규칙을 잘 지킨다는 것은 단지 규칙을 준수여부에 대한 확인일 뿐이지 감사인의 본질적 윤리행위를 보장하지 못하는 문제가 있다.

3.3 미국의 내·외적 회계환경

1) 외적 회계환경(external accounting environment)

1970년대 초 미국의 일부 대기업(예, Equity Funding, Penn Central, National Student Marketing)의 부도는 대중들이 회계의 전문성에 대해 의구심을 갖게 했다. 특히, 일부 대기업의 부도 조사 과정에서 많은 사람들은 '공인회계사는 어디에 있었는가?'와 같은 회계의 가치와 신뢰에 강한 의문을 제기했다. 미국 하원조사위원회의 의장 John. E. Moss는 1976년에 SEC(the Securities and Exchange Commission)의 회계규제에 대한 역할을 강화해야 한다는 보고서를 제출하였다. 또한 보고, 회계 및 경영에 대한 상원분과위원회 의장인 Senator Lee Metcalf도 1979년에 미국 BIG Eight 회계법인의 감사시장에서의 독점성과 감사부실을 비난하는 보고서를 제출하였다. 특히, 이 보고서는 회계법인들이 대중적 공공이익을 대변하지 못하는 점과 독립성 상실과 같은 비윤리적 행위를 지적하였다.

(1) 회계윤리문제의 등장배경

미국의 경우, 회계에 대한 의회 및 대중적 관심은 거의 대부분 일부 대기업의 도산이라는 경제적 사건이 발생하고, 그러한 도산의 원인을 규명하는 과정 속에서 표출되었다. 예를 들어, 1985년 미국 하원의 조사분과위원회의 의장인 John D. Dingell은 일부 대기업의 도산은 재무보고 과정에서 발생한 불법적이고 부정행위에 대한 외부 감사인의 감사실패에 기인한다고 강력하게 주장하였다. 특히, 그는 외부 감사인의 전문성과 독립성과 같은 감사인의 윤리적 속성들이 심각하게 훼손되어 있다고 주장하였다.

미국 의회의 회계와 외부 감사인에 대한 비난은 금융기관의 대규모 부도로 더욱 강력하게 제기되었다. 이들 도산 금융기관의 재무곤경이 외부 감사인에 의해 즉각적으로 공시되지 않은 것에 대해 더욱 많은 대중적 비난들이 쏟아졌다. 중요 논쟁으로는 의뢰 기업의 불법적 행위에 대한 외부 감사인의 감사책임문제가 제기되었다.

여기에 대해 미국공인회계사회는 SAS No.53과 SAS No.54를 통해 불법적이고 부정적 행위에 대한 공시가 외부 감사인의 정상적인 책임영역에 포함되지 않는다고 주장하였다. 그러나 만약 외부 감사인이 피감사회사의 경영진이 적절한 개선 노력을 수행하지 않아 감사계약을 취소하는 경우에 한해 Form 8-K의 공시 요구에 따라 SEC에 불법적이고 부정행위를 보고할 책임은 존속시켰다.

전반적으로 미국은 기업 도산과 같은 심각한 경제적 사건 속에서 회계의 기능과 외부 감사인의 책임문제의 해답차원에서 일부 회계윤리에 대해 언급하고 있다. 이러한 상황은 한국에서도 거의 유사한 경제적 사건에서 찾을 수 있다. 특히, 최근 대우, 동아건설, 현대건설 등의 유수 대기업의 도산과 재무위기는 미국과 동일한 위기와 비난을 회계 분야에 집중시키고 있다.

그러나 기업 도산과 같은 대형 경제위기와 기업의 부정 및 불법적 재무보고의 문제가 단순히 회계와 외부 감사의 책임 차원에서만 논의되고, 단편적인 문제와 해결방안을 제기하는 것이 타당하지 않다.

(2) 기대 차이(Expectation Gap)

독립 감사인의 책임은 경영자에 의해 작성된 재무제표의 적정성에 대해 감사의견을 제시하는 것이다. 그러나 외부 감사의 효과성에 대한 비판적 개념들이 재무보고시스템의 신뢰에 대한 대중적 확신에 심각한 부정적 영향을 주고 있다. 재무보고 품질에 대한 관심은 1988년에 AICPA의 감사기준위원회가 새롭게 9개의 감사기준을 제정하는 계기가 되었다. 이들 기준의 기본 제정 방향은 감사의 "기대 차이(Expectation Gap)"를 해소하는 데에 초점을 두었다. 특히, 기대 차이는 대중과 정보이용자가 외부 감사인의 회계책임에 대해 인식하고 있는 것과 회계담당자와 공인회계사 자체가 인식하고 있는 회계책임에 대한 인식 간 차이에서 발생된다.

따라서 이러한 기대 차이에 대한 인식은 새로운 기준의 일부 내용에 상당한 영향을 미쳤다. 예를 들어, SAS No.55는 감사계획 시 피감사회사의 내부 통제에 대한 적정성 평가까지 감사인 책임 범주에 포함시켰다. SAS No.58은 감사인의 표준보고서 양식을 수정하였고, SAS No.59는 외부 감사인이 감사계획, 수행 및 평가 기간 동안 수행된 모든 감사절차의 집합적 결과가 "합리적 기간(일반적으로 감사 후 1년 이내)" 내에서 피감사회사의 계속성에 대한 기업 능력을 실질적으로 나타낼 수 있는가에 대해 고려하도록 요구한다. 만약 외부 감사인이 기업의 계속성에 중대한 의심을 가지면, SAS No.58에 의거하여 의견문단 다음에 추가 설명문단에서 이러한 의심에 대해 기술해야 한다.

Epstein & Geiger(1994)는 감사의견에 대한 일반 투자자 견해 연구에서, 대중 및 일반 투자자는 공인회계사들이 자체적으로 가정하는 것보다 더 높은 수준에서 오류(error) 및 부정(fraud)으로 왜곡된 재무제표(misstatement)에 대한 외부 감사인의 적발 책임을 중요하게 요구하고 있다는 연구결과를 제시했다. 이러한 연구결과는 대다수의 대중 및 일반 투자자의 회계책임(accountability)에 대한 인식은 단지 외부 감사를 재무제표의 적정성에 대한 감사인의 합리적 수준에서의 전문가적 판단으로 보지 않고, 모든 형태의 오류와 부정을 포함하여 감사하고 있다는 절대적 수준(absolute level)의 회계책임을 외부 감사인에게 요구하고 있음을 의미한다. 그러므로 외부 감사인과 정보이용자 간에 여전히 감사에 대한 기대 차이가 존재하게 된다. Epstein & Geiger는 감사기대 차이를 해결하는 중요 방안으로는 외부 감사인이 경영자의 정직성(honesty)과 신의 성실성(integrity)에 대해 좀더 민감하게 반응하는 것이라고 주장하였다.

(3) 전문직업의 상업주의(commercialization)

대중들은 최근 몇 년 동안 회계전문가들의 상업주의적 경향에 대해 많은 주목을 하고 있다. 일부 미국 하원의원들은 회계법인, 공인회계사 및 회계전문가들이 장기적인 공익보다 법인 이익 또는 자신의 이익을 더욱 우선적으로 강조한다고 비난하였다. 이러한 비난의 대상에는 이들 전문가 집단의 저자세(low-balling)와 감사의견 쇼핑으로 언급되는 매우 특수한 과대 경쟁행태가 포함된다.

회계전문가들의 저자세에는 감사계약의 체결뿐만 아니라 고가의 경영자문 업무 수행 또는 미래의 의뢰인으로부터 다양한 경영자문 계약의 획득을 위해 과도하게 낮은 감사수임료를 제시하는 행동 등이 포함된다. 이러한 행위에서 파생되는 병폐는 감사 참여 요원들이 감사시간을 인위적으로 축소하여 감사비용을 삭감하거나, 필수적인 감사절차의 인위적 생략 등과 같은 비윤리적인 행위를 통해 회계의 신뢰를 저하시킬 수 있다는 것이다. 특히, 이러한 잠재적 위험은 외부 감사인의 독립성과 신의 성실성에 심각한 위험 요소가 된다.

감사의견 쇼핑은 회계윤리와 배치되더라도 감사대상회사의 의도가 반영되는 회계처리 결과가 산출되도록 다양한 외부 감사인의 의견을 제시하고 의뢰인이 여기에 대해 검토할 수 있는 여지를 주는 행위 등이 포함된다. 특히, SEC는 감사인 교체와 관련된 다양한 잠재적 문제를 확인하기 위해 Form 8-K의 공시 요구를 확장하였다. 수정된 요구 사항은 전임 감사인과 후임 감사인 간의 감사의견의 불일치가 존재하는지에 대한 확인, 경영진이 전임 감사인과 불일치한 의견을 갖고 있었는지에 대한 여부 등이 공시되도록 요구하고 있다.

2) 내적 회계환경(internal accounting environment)

Treadway Commission 보고서는 기업재무보고의 기본 책임에 대해 명확한 견해를 제시했다. 위원회는 신뢰적인 기업재무보고의 환경을 조성하기 위해서 최고경영자의 윤리적 경향, 엄격한 내부 통제, 강한 회계시스템과 요원, 효과적인 내부감사 및 독립적인 감사위원 제도 등의 중요성을 강조했다. 특히, 위원회는 기업의 재무보고시스템(financial reporting system)과 내부 회계통제(internal accounting control) 제도를 설계, 이행 및 감독할 기본 책임이 있는 회계부서의 장의 중요성을 강조했다. 회계부서의 장은 일반적으로 회계처리방법을 통해 이익을 조작(manage earnings) 또는 변경하려는 최고경영진의 심각한 압력(pressure)에 직면하거나 자신의 회사 내 입지에 상당히 민감하다. 극단적인 사례로써 Phar-Mor 경우에는 최고경영진이 재무제표 조작에 회계부서의 장이 조직적으로 참여하기를 강요했다. 그러나 회계윤리와 전문가적 의무에서는 회계부서의 장은 불법적인 회계와 재무보고에 대해 필수적으로 저항하도록 요구하고 있다.

내부감사인(internal audits)은 기업 통제시스템의 성과를 감사하도록 경영진에 의해 선출된다. 또한 내부감사인의 중요 역할은 기업규정 이행의 적정성을 감시하고 통제하는 것이다. 추가로 내부감사인은 외부 감사인의 재무보고 감사과정에서 적극적인 지원을 제공해야 한다.

내부감사인이 효과적으로 내부감사활동을 수행하기 위해서는 긍정적인 기업윤리 문화를 조성하는 것이 필수적이다. 내부감사인은 독립성을 유지하기 위해 기업의 운영 및 의사결정 과정과 독립적 관계를 유지해야 한다.

Treadway Commission 보고서에 따르면, 내부감사 기능은 기업의 재무보고 작성에 대해 직접적 책임이 없는 경영진에 직접 보고할 때 가장 효과성이 높다고 주장한다. 내부감사인은 최고경영자, 임원진 및 감사위원회와 정규적으로 접촉하고, 그러한 접촉에 제한이 없어야 한다.

(1) 통제환경(the control environment)

Treadway Commission의 후원 조직인 COSO(Committee of Sponsoring Organizations)는 1992년에 내부 통제-통합 구조(Internal Control-Integrated Framework)라는 명칭의 보고서를 발간하였다. 보고서는 윤리적 기업문화 구축에서 내부 통제환경의 중요성을 강조했다. 통제환경(control environment)은 내부 통제의 상호 연계되는 5개 요소 중 하나이다. 나머지 요소는 위험 평가(risk assessment), 통제활동(control activities), 정보와 커뮤니케이션(information and communication) 및 내부 통제시스템의 감시(monitoring)가 해당된다.

COSO에 따르면, 통제환경은 내부 통제의 모든 나머지 요소에 대한 기초이다. 이것은 기업의 문화적 색채를 결정하고, 조직원의 통제 의식에 영향을 미친다. 통제환경은 기업 구성원이 자신의 활동을 수행하고 그들의 통제 책임감을 이행할 수 있도록 분위기를 조성한다. 통제환경의 가장 중요한 요소는 내부 통제제도를 생성, 이행 및 감독하는 요원들의 신의 성실 및 윤리적 가치이다. 기업의 신의 성실 및 윤리적 가치는 고도의 윤리 및 행동기준에 대한 최고경영자 및 임원진의 약속 등을 반영한다. 최근 감사위원회는 통제환경을 포함하여 내부 통제 요소에 대한 COSO의 견해를 반영하기 위해 SAS No.55를 수정하였다.

(2) 내부고발(whistle-blowing) 제도

기업의 회계담당자와 내부감사인은 기업재무보고시스템의 투명성을 보호하고, 그들의 책임을 객관적으로 수행하려는 과정 속에서 심각한 직무형 압력에 자주 직면하게 된다. 이러한 사례는 다양한 실제 기업재무보고 관련 비리 또는 불법적 사건의 발생의 원인 규명에서 자주 등장하는 회계윤리사항들이다. 특히, 기업 내부의 회계 관련 직원들은 공공이익과 조직 충성심 간의 갈등 때문에 자주 윤리적 갈등구조에 직면하게 된다.

불행하게도 회계담당자가 직면하는 가장 난해한 의사결정은 기업의 재무비리 또는 불법적 사항을 내부 고발할 것인지에 관한 것이다. 미국의 경우 관리회계자협회(Institute of Management Accountants) 윤리규정은 이러한 문제 발생 시 회계담당자는 갈등을 해결하기 위해 기업의 상급자와 우선적으로 협의하는 과정을 거치도록 의무화하고 있다. 특히, IMA는 회계담당자가 외부 고발 또는 기업의 외부차원에서 이러한 문제를 해결하려는 시도는 적정하지 않는 것으로 간주한다.

AICPA는 1993년에 윤리규정 중 규칙 102에 대한 해석(Interpretation) 102-4를 공표하였다. 해석 102-4는 공인회계사가 윤리규정의 신의성실 기준을 위반하는 경우 공인회계사의 전문가적 판단의 질적 저하를 예방하기 위해 필요한 특별한 행위에 대해 제시하고 있다. 여기에는 기업의 회계담당자와 상급자 간에 재무보고 측면에서 의견차이가 발생하는 경우, 회계담당자에게 요구되는 윤리 의무에 관한 IMA와 CPA 간의 일반적 협의가 포함되어 있다. 특히, 회계담당자는 경영진, 감사위원회 또는 기업소유주가 올바른 행위를 수행할 수 있는 기회를 제공하기 위해서 매우 높은 수준에서 그들에 대해 관심을 보여 주기를 기대한다. IMA와 AICPA은 회계담당자가 만약 중요하게 왜곡된 재무제표가 계속해서 수정되지 않는다면 기업에서 사임할 것을 권고한다.

  IMA와 AICPA 규정 간에 중요한 차이는 AICPA에서는 기업회계담당자가 외부 감사인과 규제기관에 대한 의무를 인식하고 있기를 권고한다. 일반적으로 회계담당자는 고용주의 비리행위에 대한 보고의무가 없기 때문에 신의 성실 위반사례에서도 규제기관과 접촉하지 않는다. 그러나 기업의 회계담당자는 외부 감사인이 그러한 문제에 대해 감사위원회와 공동으로 작업하기를 기대하고 있으므로 감사 초기에 외부 감사인과 사전 의사소통할 수는 있다. 감사위원회와 공동으로 작업하는 외부 감사인은 윤리적으로 적절한 방식으로 이러한 재무보고와 관련된 갈등을 효과적으로 해결할 수 있다.

  요약하면, 미국의 회계윤리기준은 내부고발 상황에서 재무제표 이용자의 의사결정에 중요한 영향을 줄 수 있는 모든 정보의 완전공시 개념보다 회계담당자의 기업 또는 의뢰인에 대한 충성의무와 기밀유지에 강조점을 두고 있다. 이러한 강조는 전문가적 윤리규범을 준수하려는 CPA, CMA 및 CIS의 의지에 대해 중요한 의미를 가진다.

제 3 장
회계신뢰 회복과 회계윤리

1. 회계신뢰와 회계윤리

1.1 회계신뢰역량

회계의 신뢰 회복을 위해서는 먼저 신뢰역량을 강화해야 한다. 여기서 신뢰역량이란 자신과 타인을 신뢰하기 위한 준비상태를 의미한다. 자신에 대한 신뢰란 자기 자신 및 다른 사람들이 자신에게 가지고 있는 기대를 충족시켜 줌으로써 자신을 신뢰롭고 의지할 만한 사람으로 보이게 하는 것을 의미한다. 타인에 대한 신뢰란 타인이 우리의 기대치를 충족시켜 줌으로써 타인을 의지해도 되고 신뢰할 수 있는 사람이라고 간주하는 것을 의미한다.

따라서 일반적으로 진정한 신뢰는 자신과 타인 간의 상호과정이고, 상호 간의 신뢰관계는 상호간에 더욱 많은 정보를 공유할 때(커뮤니케이션의 신뢰), 약속을 지킬 때(계약에 관련된 신뢰) 그리고 사람들의 능력을 존중해 줄 때(능력에 관한 신뢰) 형성된다.

위의 개념에 비추어 볼 때, 회계신뢰도 신뢰역량이 먼저 형성되고, 그에 따른 상호 신뢰관계에 의해 달성될 수 있다. 회계적 차원에서 신뢰역량을 강화시키기 위해서는 먼저 커뮤니케이션 신뢰 즉, 회계전문가(예, 감사인)와 이해관계자(예, 경영자) 간의 충분한 의사소통과 정보 공유가 이루어져야 하고, 또한 회계전문가와 이해관계자들이 회계기준, 회계감사기준 등과 같은 회계적 계약신뢰를 준수해야 하고, 그리고 회계전문가들이 전문가로써의 능력을 배양하여 사회로부터 능력 신뢰를 획득할 때만 달성될 수 있다.

특히, 회계신뢰의 역량을 형성하는 데 있어, 회계윤리는 매우 중요하고도 효율적인 역할을 담당한다. 예를 들어, 커뮤니케이션 신뢰의 밑바탕에는 상호간의 윤리에 대한 확신이 더욱 많은 정보와 의사소통을 가능케 하고, 계약신뢰 역시 회계윤리에 대한 상호간의 확신은 이들 기준 또는 도덕적 계약 준수에 대한 확신을 제고시키고, 마지막으로 능력 신뢰에서도 윤리적인 전문가의 능력은 그렇지 않는 전문가의 경우보다 사회적으로 더 높은 인정을 받는다. 따라서 회계의 신뢰, 신뢰역량 그리고 회계윤리는 상호간에 밀접한 관련성이 존재한다.

1.2 회계윤리의 의의

윤리는 보편적으로 행위의 옳고 그름 또는 선·악에 대한 판단기준의 체계로 정의된다. 여기서 판단기준이란 어떤 행위가 윤리적인가 아닌가를 결정짓는 기준을 의미한다(Rebert Bartles, 1965). 이러한 정의에 기초해 보면, 회계윤리는 복잡한 회계처리과정 상황에서 회계전문가(예, 감사인)의 도덕적 행위에 관한 평가기준으로 볼 수 있다. 예를 들어, 감사인의 의사결정은 엄격한 감사기준에만 기초하는 것이 아니라, 윤리적인 판단을 전제조건으로 하여 의사결정이 내려지고, 법이나 감사기준의 준수 이상으로 공정하고 정당한 회계윤리에 기초했을 때만 그 정당성이 확보된다고 말할 수 있다.

협의의 회계윤리는 회계법인의 조직구성원인 공인회계사가 회계감사과정에서 갖추어야 할 윤리를 의미한다. 특히, 여기서 회계윤리란 공인회계사가 기업의 회계감사 과정에서 특정한 도덕적 가치로서 행동하거나 사고의 옳고 그름을 가늠해 주는 행동규범으로 볼 수 있다.

이와 같은 정의에 입각하여 전체 회계윤리를 종합적으로 정의해 보면, 회계윤리란 공인회계사를 포함하여 회계전문가가 회계적 의사결정 상황에서 자신의 행동이나 태도에 관하여 도덕적 가치로서 그들의 행위에 대한 정당성을 가늠하여 사회, 기업 및 회계전문가 모두에게 바람직한 방향으로 나아가게 하는 규범으로 볼 수 있다.

회계전문가(예, 공인회계사, 기업회계담당자, 내부감사인 등)는 경제구조 속에서 매우 중요한 역할을 담당하는 전문가 집단으로서 정치, 경제, 사회, 문화 등 외부 환경과 밀접한 관계를 갖고 있다. 특히, 외부 환경의 변화는 회계의 개념, 목표, 기준, 기술 또는 제도에 직·간접적으로 영향을 미치게 되므로 회계윤리의 개념도 외부 환경의 변화에 따라 변화하게 된다. 최근의 우리나라 회계환경의 급격한 변화는 기존의 회계윤리에 대한 개념, 이론 및 실무적 의미에 대해 재해석하도록 요구하고 있다.

회계윤리는 일반 윤리와 달리 구조적 차이가 존재한다. 예를 들어, 회계윤리는 회계를 담당하는 사람 즉, 기업회계담당자, 내부감사인, 공인회계사 등과 같은 인간적 차원의 윤리문제와 회계제도 즉, 목표, 원칙, 기준, 규범 등과 같은 회계정보시스템 차원의 윤리문제로 구분된다.

먼저 인간 차원의 윤리는 일반 윤리와 동일하게 회계 관련 의사결정에서 공인회계사, 내부 회계담당자가 부딪치는 윤리적 문제로 개인적 도덕 또는 가치관과 해당 윤리적 문제 간의 갈등에서 유발된다. 이에 반해 시스템 차원의 윤리는 회계의 기본 목적 또는 기준 등과 사회 전체 가치와의 불일치 또는 불균형에서 유발된다. 예를 들어, 개인 윤리는 개인의 도덕과 윤리수준이 중요한 변수인 반면, 사회윤리는 회계가 추구하는 가치관이 중요한 변수로 작용한다.

따라서 회계윤리는 이러한 양자의 조화에 의해서만 완전한 회계윤리문제가 다루어질 수 있으므로 회계윤리문제는 철학적 패러다임, 교육 및 윤리제도 모두가 동시적으로 고려되어야 한다.

2. 회계윤리의식 제고방향

2.1 회계윤리문제의 원인과 해결 주체

회계전문가(예, 공인회계사, 기업회계담당자, 내부감사인)들이 회계환경에서 부딪치는 회계윤리 딜레마는 다음과 같은 원인에서 발생된다.

첫째 원인은 윤리적 규범의 실체가 불완전하기 때문이다. 예를 들어, 감사인이 실질적으로 복잡한 감사활동에서 윤리적 문제에 직면했을 때, 명확하게 적용하고 준수할 만한 회계윤리에 대한 개념, 의사결정 모델 또는 실무적 지침이 현재 매우 부족한 실정이다.

둘째 원인은 회계의 두 주체인 정보이용자와 회계전문가 사이에 존재하는 정보의 비대칭성이다. 일반적으로 거래·계약 관계에서 이해당사자 중 한쪽이 상대적으로 충분한 정보를 갖지 못하고 있다면, 정보를 가진 측은 자신에게 유리한 방향으로 행동함으로써 상대에게 손실을 입힐 수 있다. 특히 정보의 비대칭 문제는 감사 분야에서 두드러지고, 이러한 비대칭은 회계윤리문제가 단순히 감사인만의 문제가 아니라 또 다른 감사주체인 기업과 밀접히 관련되어 있음을 의미한다.

셋째 원인은 법과 기준을 준수할 인센티브 체계가 미약한 경우를 들 수 있는데, 이는 각국의 특수성을 반영한다는 점에서 앞의 두 가지 보편적인 원인들과 다소 차별화된다. 예를 들어, 감사인의 비윤리적 행위에 대해 법적·사회적 제재가 충분하지 못한 경우 전체적으로 감사인의 비윤리적 행위는 만연될 수 있다. 대체로 후진국일수록 법과 기준이 엉성하거나 선진국과 유사한 시스템을 가지고 있어도 실제 집행실적은 법과 괴리된 경우가 많은데, 이러한 상황에서는 회계전문가들의 회계윤리 의식과는 상관없이 대다수가 비윤리적 행위를 하려는 유혹을 느끼게 된다.

회계윤리 딜레마의 해결 주체는 일반적으로 회계전문가들의 윤리적 행위의식 고취를 위한 유인구조를 누가 어떠한 방법으로 설계해 주느냐에 따라 세 가지로 분류 가능하다.

첫째 방안은 공적 기관에 의해 강제적 규제방법으로 정부와 같은 공적 기관에서 법률, 기준 또는 규제를 통해 사회적 비용을 유발하는 회계전문가의 비윤리적 행위를 최소화시키는 것이다.

둘째 방안은 공적 기관보다 민간 부문 또는 회계전문가 집단 자체(예, 공인회계사협회)에 의한 효율적 규제를 통해 회계윤리문제를 해소하는 것이다. 이것은 시장의 자율적 기능에 의해 회계전문가의 비윤리적 행위를 자체적으로 정화시킬 수 있는 유인구조를 창출하는 것이다.

셋째 방안은 정부 개입 또는 자율 규제와 같은 공식적인 제도 대신에 평판(reputation), 신뢰(trust), 정의(justice) 또는 윤리의식(ethics) 등과 같은 비공식적인 사회규범을 통해 회계전문가들의 비윤리적 행위를 방지하는 것이다. 이러한 비공식적인 요소들은 국가 간 비윤리 행위의 발생빈도나 수준을 설명하는 데 중요한 변수가 되며, 이를 무시할 경우에 공식적인 제도 개혁은 성공하기가 어렵다.

2.2 회계윤리에 대한 새로운 시각

최근 기업윤리를 중심으로 새로운 관점과 해석이 시도되고 있다. 이러한 관점과 해석은 기업윤리와 밀접한 관계가 있는 회계윤리에도 동일하게 적용될 수 있다. 최근까지 기업윤리를 중심으로 제시된 몇 가지 관점과 해석을 살펴보면, 다음과 같다.

- 윤리는 기업 경쟁력의 원천이다.
- 윤리적 기업은 사회가 만든다.
- 윤리교육은 경영의 필수덕목이다.
- 사람보다 제도가 윤리를 이끈다.

● 윤리는 덕과 실천의 조화이다.

1) 회계윤리는 기업 경쟁력의 원천이다.

최근 기업윤리에 대한 관점 변화 중 가장 주목할 만한 것은 바로 기업윤리를 기업의 족쇄 또는 단순한 도덕률 정도로 받아들이지 않고, 기업윤리가 기업의 경쟁력을 창출하는 중요한 전략변수라는 관점이다. 이는 이미 여러 세계적 기업 예를 들면, 3M, 네슬레, 존슨 & 존슨, 사우스웨스트 등과 같은 일류기업들의 기업윤리 경영철학과 그 성과를 통해 검증되고 있다.

'자본주의 기업의 이윤 추구와 기업윤리가 어떻게 양립할 수 있을까?' 이 물음에 대한 해답은 현대 경영에서 기업윤리와 기업생존은 필수 불간분의 관계를 갖기 때문이다. 즉, 경영과정이 투명하고 다수의 이익을 소중히 여기는 기업은 소비자로부터 신뢰를 얻어 갈수록 발전하고, 이런 기업은 사회를 밝고 맑게 만드는 선도 기업의 역할을 하기 때문이다. 이러한 주장은 회계윤리에도 동일하게 적용된다. 이제 회계윤리는 단순한 규칙 또는 서랍 속에 잠자는 윤리가 아니라, 바로 회계의 학문적 가치와 회계전문가 특히 감사인의 감사품질을 결정짓고, 치열한 감사시장에서 생존할 수 있는 필수 경쟁원천으로 간주되어야 한다. 이러한 관점은 이미 부실감사로 인해 본의 아니게 해체된 일부 대형회계법인의 문제에서도 그 타당성을 찾아볼 수 있다.

2) 회계윤리는 사회가 만든다.

미국에는 기업의 윤리성 평가와 관련하여 볼드리지상 외에도 비영리단체인 '경제우선협의회'가 매년 선정하는 '양심기업상', 경제주간지 '포천'과 일간지 '월스트리트저널'이 매년 발표하는 가장 존경받는 기업' 등의 제도를 통해 사회적으로 윤리적 기업을 칭찬하는 분위기가 정착되어 있다. 이러한 사회적 분위기가 바로 윤리적 기업을 탄생시키는 모태 역할을 한다.

이러한 사회적 역할은 회계윤리에도 동일하게 중요하다. 이는 회계윤리가 독립적인 윤리가 아니라 경영자 윤리, 기업윤리, 사회윤리 등과 밀접하게 연관되어 있고, 이들 윤리에 대한 사회적 관심과 지원에 의해 제고되어야 하기 때문이다. 특히, 우리나라의 회계시스템의 경쟁력과 체질을 강화한다는 차원에서도 회계윤리를 충실히 이행하는 기업, 회계법인 등을 발굴해 칭찬함으로써 다른 기업 또는 회계법인들이 보고 따르도록 하는 국가적, 사회적 시스템을 서둘러 갖추어야 한다.

3) 회계윤리교육은 회계의 필수덕목이다.

기업윤리교육은 이제 경영의 필수덕목으로 자리잡고 있다. 예를 들어, 3M의 경우에는 수시로 있는 윤리교육, 승진 때마다 거쳐야 하는 윤리과정, 심지어 3개월에 한 번씩 위성방송을 통해 전세계 직원들을 대상으로 동시에 윤리교육을 실시하기도 한다. 이러한 윤리교육은 바로 윤리가 투명 경영과 글로벌 기업의 통일성을 창출하는 경영의 필수덕목으로 간주되기 때문이다.

회계윤리교육도 마찬가지로 단순하게 윤리내용을 전달하는 강의가 아니라, 회계의 필수덕목을 학습할 수 있는 기회가 되어야 한다. 미국의 경우를 보면, 회계윤리교육은 대학에서의 중요 교과과정이고, 사회에서도 계속적인 회계윤리교육에 대한 피드백을 실시하고 있다. 예를 들어, 공인회계사의 수습기간 동안 다른 어떠한 교과목보다 많은 시간을 윤리교육에 배정한다.

4) 회계윤리는 덕과 실천의 조화이다.

윤리는 일반적으로 도덕과 관련된 덕 윤리와 행위의 실행과 관련된 실천윤리로 구분할 수 있다. 따라서 완벽한 윤리란 정신적인 덕 윤리와 행위적 실천윤리가 모두 조화되어야만 달성될 수 있다. 이러한 관점은 이미 경영학에서는 solomon(1993)과 회계학에서는 francis(1990), 황호찬(1998)

등에 의해 주장되어 왔다.

회계에서 덕 윤리와 실천윤리의 조화가 중요한 이유는 실천윤리의 한 형태인 직업윤리규정과 같은 규정만으로 완벽하게 회계윤리문제가 해결될 수 없기 때문이다. 예를 들어, 공인회계사회의 직업윤리규정이 회계윤리문제에 관련된 갈등해결을 위한 지침으로 적절치 못한 이유로 직업윤리규정의 추상성, 윤리규정체계의 미비, 낮은 적발 가능성, 징계제도의 부실, 또는 윤리심의위원회 및 회계감사심의위원의 독립성 확보 등에 문제점이 있는 것으로 지적되어 왔다.

따라서 이러한 실천윤리 측면의 한계를 보완하고, 회계전문가 개개인의 도덕적 인격 함양을 위해서라도 덕 윤리와 실천윤리의 조화가 요구된다.

5) 사람보다 제도가 회계윤리를 이끈다.

개인적으로 보면 우리나라 사람이 외국 사람에 비해 더 윤리적이라고 할 수 있다. 정도 많고 이웃을 더 잘 배려해 준다. 그러나 기업 또는 회계 측면에서 보면, 이야기가 달라진다. 이러한 상황이 의미하는 바는 바로 선진의 경우에는 "기업 또는 회계윤리를 이끄는 것은 사람이 아니라 잘 만들어진 제도와 원칙"에 의해 윤리적 문제들이 분석되고, 그에 합당한 해답이 일관성 있게 제시된다는 것이다.

선진국의 경우에는 오랜 기간 동안 회계윤리와 관련된 연구를 통해 어디서 어떤 윤리적 문제가 발생하는지 시스템적으로 체크가 가능하다. 또한 대부분의 윤리적 문제에 대한 가이드라인이 있고 모두가 그것을 따른다. 이에 비해 우리나라의 회계윤리는 제도적으로 너무 뒤떨어져 있고, 해결 과정도 투명성이 떨어진다. 따라서 우리나라의 회계윤리문제는 제도적 측면도 사람 못지않게 중요하게 다루어져야 한다.

2.3 회계신뢰 회복을 위한 회계윤리의식 제고방향

본 서는 최근 우리나라에서 발생되고 있는 회계의 대중적 신뢰 상실 및 위기를 회계윤리 제고 차원에서 극복하기 위한 방향을 제시하고자 한다. 본 서는 회계 위기의 근본 이유를 회계의 객관성과 신뢰 상실에 두고, 그러한 신뢰 상실이 최근 몇 건의 부실회계감사의 발생과 그 영향으로 그 어느 때보다 회계와 정보이용자 간의 기대 차이가 심화되고, 이러한 기대 차이 이면에는 서로 간의 갈등구조가 존재하는 것으로 본다. 또한 본 연구는 회계의 갈등구조가 회계를 둘러싸고 있는 외부 환경과 회계 자체의 프로세스를 구성하는 다양한 요인(즉, 내부환경)에 의해 더욱 깊어지고 있다고 본다.

본 서는 특히 우리나라 회계가 직면한 내·외부 환경의 구조적 문제, 갈등구조 및 회계의 신뢰 상실 등의 문제의 해결방향을 회계윤리 측면에서 제안하고자 한다. 회계윤리 제고방향은 크게 회계윤리의 패러다임, 교육 및 제도 차원에서 세분하여 각각의 차원에서 회계의 신뢰 회복을 위한 회계윤리의식의 제고방향과 이를 총괄하는 유기적 방향을 제시하고자 한다. 따라서 본 서는 다음과 회계신뢰 회복방안을 제시한다.

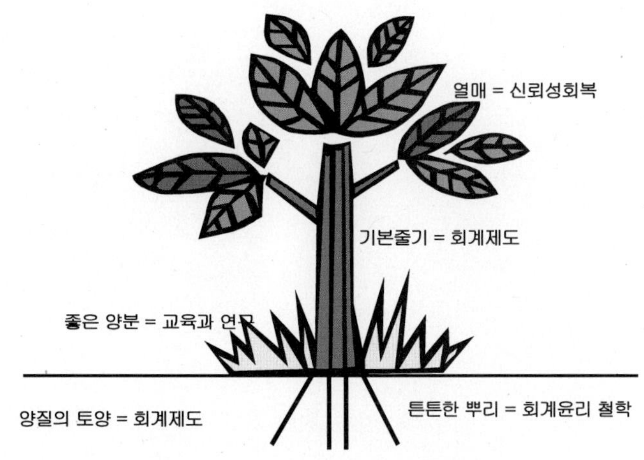

제 4 장
마치며

━━━━━━━━━━━━━━━━━━━━━━ 우리나라는 IMF 이후 급격한 사회·경제 및 국민의 의식 변화를 맞이하고 있다. 특히, 회계 분야는 현재까지 그 어떤 분야보다 많은 비난과 변화를 맞고 있다. 일반 대중들은 최근 대우 및 동아건설 등의 일부 기업에서 발생한 회계분식과 같은 사건에서 회계정보의 신뢰와 회계감사의 필요성에 대해 많은 의구심을 표시하고 있다.

예를 들어, 미국공인회계사회(American Institute of Certified Public Accountant: AICPA)에 소속된 공인회계사들은 그들이 갖고 있는 높은 윤리성과 전문지식으로 인해 미국 최고의 명예집단으로 인식되고 있을 뿐만 아니라, 그에 상응하는 존경을 받고 있다. 반면 우리나라 공인회계사들은 미국공인회계사들과 같은 존경을 받지 못한다. 오히려 질시와 비판의 대상이 되고 있다. 기업의 비리나 분식회계에 대한 사건이 터질 때마다 당해 업체의 감사를 맡은 공인회계사는 물론 전체 공인회계사들이 도매금으로 분류되어 언론의 질타를 받는다.

따라서 본 서는 사회 전반의 회계 불신을 극복하고, 회계의 신뢰를 회복하기 위해 외형적 차원보다 정신적 차원인 회계윤리 측면에서 이에 대한 개선방향을 모색하고자 한다. 이것은 회계와 관련된 부정적 사건들이 단순히 법률, 기준 또는 규제 장치로만 해결되지 않고 궁극적으로 인간의 정신적 개혁과 이를 뒷받침하는 교육과 제도를 통해서만 근본적으로 해결될 수 있기 때문이다.

이해관계자, 회계전문가, 회계학 교수를 대상으로

제1장
설문 조사의 개요 및 방법

1. 설문 조사 개요

본 연구는 우리나라의 회계윤리에 관한 주요 내용에 대하여 회계윤리에 직·간접적으로 참여하는 사람들을 대상으로 회계윤리의식에 대한 실태를 분석하고, 앞으로 나아갈 방향을 제시하는 데 목적이 있다.

회계윤리에 직·간접적으로 참여하는 사람들에는 기업에서 산출된 정보를 기업 외부에서 그 적정성과 신뢰성을 판단하는 기업의 외부 감사인인 공인회계사, 회계윤리교육을 담당하는 회계학 교수 그리고 회계윤리와 직·간접적으로 관련 있는 이해관계자를 들었다.

2. 자료수집 및 분석방법

설문 조사기간은 2001년 6월 25일부터 7월 28일까지 34일간이며, 설문 조사는 직접방문과 전자우편의 2가지 방법을 병행하였다.

설문지는 공인회계사 500부, 회계학 교수 300부, 이해관계자 500부씩

총 1,300부를 배포하였다. 발송된 총 1,300부의 설문지 중에서 공인회계사 116부, 교수 40부, 이해관계자 194부, 총 350부가 회수되었다. 회수된 설문지 중 불성실한 응답이나 응답누락으로 인하여 이용이 부적합한 19부를 제외한 총 331부의 설문지가 본 연구에 이용되었다. 설문지 배포와 회수현황은 〈표 1-1〉과 같다.

〈표 1-1〉 설문지 배포 및 회수현황

	설문지 배포	설문지 회수	설문지 회수율	분석대상 제외	분석 가능 자료
공인회계사	500부	116부	23.2%	17부	99부
회계학 교수	300부	40부	13.3%	2부	38부
이해관계자	500부	194부	38.8%	-	194부
합 계	1,300부	350부	26.9%	19부	331부

3. 이해관계자그룹의 일반적 특성

응답자의 인구통계적 특성을 살펴보면, 응답자의 직업은 기업이 66명 (34.2%)으로 가장 많고, 그 다음으로 잠재적 이해관계자가 56명(29.0%)으로 나타났다. 응답자의 직책은 대리가 31명(25.8%)으로 가장 많고, 그 다음이 대표 30명(25%), 과장 22명(18.3%) 순으로 나타났다. 근무연수는 6년-10년이 55명으로 전체의 40.1% 비율을 보였으며, 다음으로 11-20년이 42명(30.7%)으로 나타났다. 학력은 대학졸업이 98명으로 전체의 51.0% 비율을 보였으며, 그 다음으로 대학재학 48명(25%)이며, 대학원 재학이나 졸업도 17명으로 나타나, 응답자의 학력수준이 비교적 높음을 알 수 있다. 응답자의 성별은 남자가 157명(82.6%), 여자가 33명(17.4%)으로 압도적으로 남자가 많음을 알 수 있다. 아래 〈표 1-2〉에 이해관계자의 특성에 대한 수치가 제시되어 있다.

〈표 1-2〉 이해관계자의 특성

	응답자특성항목및빈도						
직업	구분	기 업	이해관계자	전문직	금융업	정 부	기 타	계
	빈도	66	56	20	18	4	29	193
직책	구분	사 원	대 리	과 장	부 장	이 사	대 표	계
	빈도	19	31	22	12	6	30	120
근무 연수	구분	2년 이하	3년-5년	6년-10년	11년-20년	21년 이상		계
	빈도	15	20	55	42	5		137
학력	구분	고졸 이하	전문대졸	대학재학	대학졸업	대학원재학	대학원졸업	계
	빈도	19	10	48	98	11	6	192
나이	구분	30세 이하	31세-40세	41세-50세	51세 이상			계
	빈도	75	77	30	8			190
성별	구분	남 자	여 자					계
	빈도	157	33					190
합 계								194

제 2 장
회계환경에 대한 실태 조사

회계는 학문적 성격상 사회과학이고, 그 정체성이 사회적 합의의 산물(Watts & Zimmerman, 1978)이므로 사회 전반의 다양한 요인과 끊임없는 상호작용을 통해 변화하고 발전한다. 회계에 직·간접적으로 영향을 주는 가장 대표적인 외부 환경요인으로 정치, 경제 그리고 사회·문화적 요소가 있다. 특히, 최근의 회계의 신뢰성 저하는 회계 자체의 문제와 이러한 환경 요인의 상호작용을 통해 그 양상과 의미가 더욱 복잡하고 다원화되고 있다. 따라서 회계의 신뢰성 문제는 단순히 회계적 차원에서만 분석되어서는 그 실효성에 한계가 있기 때문에 거시적 환경요인의 영향을 동시적으로 고려하는 해결방향이 강구되어야 한다.

1. 내·외적 회계환경

1.1 정치환경

일반적으로 일국의 정치환경은 회계에 많은 영향을 미친다. 예를 들면, Watts & Zimmerman(1978)은 회계정보의 이해관계자집단이 정치적 규제나 로비활동과 관련된 정치적 비용에 민감하게 반응한다고 주장하였다. Gorelik (1994)

은 회계기준 제정과정을 고도의 정치화 과정이라고 결론 내렸다. 이러한 맥락에서 볼 때, 회계와 정치환경의 관련성은 법률적 근거에 기초한 회계기준 제정과 그에 따른 이해관계자 간 효익－비용의 상반관계(trade-off)에 대한 정당성, 형평성 또는 민주성과 같은 이해관계자의 의식에 영향을 미친다.

〈표 2-1〉의 실태 분석 결과는 이해관계자가 의식하는 우리나라 정치환경은 전반적으로 신뢰적이기보다 부정적 측면이 매우 강함을 보여 준다. 예를 들어, 정치환경의 윤리성에 대해서 응답자의 50%가 전혀 그렇지 않다고 응답하고 있어, 우리나라 정치의 비윤리성이 매우 심각하게 일반 대중들에 의해 인식되고 있음을 보여 준다.

또한 국가의 기본정책과 규제의 법률적 근거(①과 ②의 응답률, 56.7)와 일관성(①과 ②의 응답률, 86.6)은 과반수의 응답자가 부정적 의식을 갖고 있음을 나타낸다. 더욱이 국가의 행정과 정책에 권위주의적 요소가 포함되어 있다고 인식하는 응답률이 84%(④ 대체로 그렇다, ⑤ 매우 그렇다)로 나타나고 있어, 이해관계자의 의식 속에는 국가행정이 민주적이고 합리적이기보다 과거와 같이 권위주의적 요소가 여전히 잔재되어 있다고 인식한다. 정경유착과 같은 정치적 비리와 부정에 대한 설문 역시 응답자의 과반수(④와 ⑤의 응답률 85.1%)가 부정적 인식을 갖고 있음을 보여 주었다.

〈표 2-1〉 정치환경에 대한 의식실태

우리나라의 현재 정치환경은	①*	②	③	④	⑤
1. 정치환경이 윤리적이다.	50**	41.2	7.2	1.0	0.5
2. 국가의 기본정책이 법률과 규제에 근거한다	9.3	47.4	30.4	12.4	0.5
3. 국가정책이 일관성이 있다.	33	53.6	9.8	2.6	1.0
4. 권위주의적 행정 및 정책이 많다.	4.1	2.6	9.3	61.3	22.7
5. 정경유착과 같은 모순적 구조가 있다.	4.1	2.6	8.2	52.6	32.5

여기서: * －① 전혀 그렇지 않다   ② 별로 그렇지 않다   ③ 보통이다
　　　　④ 대체로 그렇다   ⑤ 매우 그렇다
　　** －%

1.2 경제환경

회계는 경제시스템의 중요한 하부시스템이므로 각국의 경제이념과 체제는 중요한 환경요인으로 작용한다. 예를 들어, 회계기준 역사와 관련한 가장 큰 사건도 1929년 뉴욕 증권거래소의 가격 대폭락으로 시작된 경제공황이었음을 상기할 때, 회계와 경제환경의 관련성은 매우 중요하다. Horngren(1973)은 회계기준의 설정 시 각 이해관계자 간의 경제적 결과에 대해 주목해야 한다고 주장하였다. Cheng(1992)도 경제환경이 회계기준 설정과 이에 대한 이해관계자의 수용과 태도에 중요한 영향요인으로 작용한다고 하였다.

〈표 2-2〉의 실태 분석 결과는 대다수의 회계정보 이해관계자는 전반적으로 우리나라 경제환경을 정치논리, 관치금융, 과세정책의 공평성 상실, 자유시장 기능의 미비 그리고 경제윤리의 부재로 인식하고 있음을 보여 준다.

이를 세부적으로 살펴보면, 이해관계자는 경제논리가 순수하게 경제적 측면에서 진행되기보다 정치논리에 의해 왜곡되고 있다고 인식하고 있다(④ 그리고 ⑤의 응답률 88%). 기업과 경제주체 활동에 가장 중요한 금융과 과세시스템의 윤리성도 매우 낮게 인식되고 있다. 이것은 관치금융과 과세정책의 공평성에 대한 물음에서 각각 79.3%와 80.9%로 나타나고 있음에서 알 수 있다.

우리나라의 시장경제의 역할과 경제윤리에 대한 이해관계자의 인식은 위의 경제환경 설문 결과보다 다소 약하지만 여전히 과반수가 매우 부정적 시각을 갖고 있음을 보여 준다. 특히 경제윤리의 부재에 대한 낮은 신뢰성은 경제윤리와 밀접한 관련되어 있는 회계윤리에 대한 인식에도 매우 부정적인 영향을 줄 수 있음을 보여 주는 설문 결과이다.

<표 2-2> 경제환경에 대한 의식실태

우리나라의 현재 경제환경은	①[*]	②	③	④	⑤
1. 정치논리에 의해 경제논리가 지배받는다.	0.5[**]	2.6	8.8	63.9	24.1
2. 관치금융과 같은 관행이 여전히 중시한다	0	4.1	16.5	61.3	18.0
3. 과세정책은 공평성보다 정부논리에 의한다	0.5	3.6	14.9	62.9	18.0
4. 자유시장 기능이 약하다.	1.0	6.7	32.5	49.0	10.8
5. 경제윤리라는 개념이 존재하지 않는다.	1.5	11.3	34.5	42.8	9.8

여기서: * -① 전혀 그렇지 않다　② 별로 그렇지 않다　③ 보통이다
　　　　　④ 대체로 그렇다　　⑤ 매우 그렇다
　　** -%

1.3 사회문화환경

　권찬태(1989)의 연구에 의하면 회계는 환경의 산물이고, 특히 사회적 환경은 주로 회계제도와 회계행동 영역에 간접적으로 여러 가지 형태로 영향을 미친다고 하였다. 이러한 사회환경으로 사회제도, 정체성, 공개주의, 교육 등을 들고 있다. 또한 Dopuch와 Sunder(1980)에 의하면 회계는 사회적 활동 내지 다주체인 사회 구성원들의 상호작용의 결과의 산물이라고 하였다.

　<표 2-3>의 실태 분석 결과는 위의 정치 그리고 경제 분석 결과보다 다소 다양한 의식실태를 보여 주었다. 먼저 사회의 특수성에 대한 이해관계자의 의식실태는 상당수가 여전히 혈연, 지연 및 학연과 같은 특수한 관계에 의해 사회적 논리와 행위가 지배되고 있다고 인식하고 있다(④와 ⑤의 응답률 88.1). 이러한 인간관계의 특수성은 개인적 윤리와 사회 전반의 윤리 정체성을 결정짓기 때문에 매우 중요한 사회적 요소이다. 특히 회계윤리 차원에서 이러한 인간관계의 특수성은 긍정적 측면보다 부정적 측면이 다소 강하다. 예를 들면, 기업의 감사인 선임 시 이러한 특수성이 강조되어 감사인의 독립성에 영향을 준다는 실증연구결과들이 제시되고 있다.

　사회적 투명성을 보여 주는 사회시스템의 공개성 인식은 다소 부정적 시

각이 우세하지만(④와 ⑤의 응답률 43.3%), 사회의 사회적 행위와 결과의 투명성에 대해서는 두드러진 부정적 의식을 보여 주지 않았다. 또한 개인윤리에 중요한 영향을 줄 수 있는 사회적 분위기로 상명하복 문화는 이해관계자에 의해 높게(④와 ⑤의 응답률 65.4%) 인식되고 있었다.

사회 전반의 윤리성에 대한 직접적 의식 문항은 긍정적 인식(④와 ⑤의 응답률 32.5%)과 부정적 인식(①과 ②의 응답률 36.3%)이 거의 대등하게 나타나고 있어, 현재 사회윤리에 대한 시각이 극단적으로 양분되어 있음을 보여 준다. 이것은 사회윤리에 대한 일반 대중의 의식의 현주소를 매우 분명히 보여 주는 실태 분석 결과이다. 마지막으로 사회적 행위의 논리성에 대한 설문 결과는 논리성보다 감정이 앞서는 경우가 많다고 응답(④와 ⑤의 응답률 59.2%)하였다. 이것은 사회 전반의 분위기가 공적 관계보다 사적 관계를 중시하고, 논리보다 감정에 의해 지배받고 있음을 보여 주는 단적인 증거이다.

<표 2-3> 사회환경에 대한 의식실태

우리나라의 현재 사회문화환경은	①[*]	②	③	④	⑤
1. 혈연, 지연 및 학연과 같은 인간관계 중심	0[**]	0.5	11.3	64.9	23.2
2. 폐쇄적 사회이다.	1	21.6	34.0	36.6	6.7
3. 상명하복 사회이다.	1.5	3.6	29.4	58.2	7.2
4. 윤리 또는 도덕을 중시하는 사회	5.7	30.4	31.4	28.9	3.6
5. 행위에 있어 논리보다 감정이 앞서는 사회	1.5	6.2	33.0	51.0	8.2

여기서: * ─① 전혀 그렇지 않다   ② 별로 그렇지 않다   ③ 보통이다
④ 대체로 그렇다   ⑤ 매우 그렇다
** ─%

1.4 기업환경

회계윤리와 기업윤리는 밀접한 관련성을 갖고 있다. 이것은 기업이 회계

시스템을 사용하는 가장 중요한 경제실체 중 하나이고, 또한 가장 다양하고 중요한 회계정보를 생성하고, 이에 관련된 다양한 이해관계를 형성하고 있기 때문이다. 이러한 맥락에서 볼 때, 기업의 윤리적 행동과 그에 따른 회계윤리문제는 불가분의 관계가 있다.

실태 분석 결과는 우리나라 기업의 윤리성에 대해 설문응답자의 과반수가 부정적 시각을 갖고 있음을 보여 주었다. 예를 들어, 기업의 윤리의식 수준에 대한 설문문항은 응답자의 과반수(①과 ②의 응답률 63.3%)가 윤리적이지 못하다고 인식하고 있다. 더욱이 설문 결과는 기업의 비윤리성의 원인으로 지배구조 중 재벌, 족벌체계가 상당히(④와 ⑤의 응답률 85%) 영향을 주는 요인으로 인식하고 있다.

또한 설문 결과는 기업형 부정·비리 해결에 기업윤리의 효과성을 인정하는 그룹보다 부정적으로 인식하는 그룹이 다소 많은 것으로 나타났다. 그러나 설문 결과는 응답자들이 분식회계와 같은 문제에 한해 법적인 측면보다 기업윤리 측면에 의해 해결될 수 있다는 인식을 갖고 있음을 보여 준다. 특히, 4번 설문문항의 분석 결과는 최근 기업윤리를 형식적 제약 또는 서랍 속에 잠자는 명문규정이 아니라 기업의 경쟁력의 원천으로 작용할 수 있다는 사회의 인식 변화를 보여 준다.

〈표 2-4〉 기업환경에 대한 의식실태

우리나라의 현재 기업환경은	①[*]	②	③	④	⑤
1. 기업은 기업윤리를 의식하고 행동	12.3[**]	51.0	28.4	6.7	1.5
2. 기업형 부정·비리 해결에 기업윤리가 도움	8.2	41.8	24.2	20.1	5.7
3. 재벌, 족벌체계는 기업윤리에 부정적 영향	0.0	2.1	12.9	64.9	20.1
4. 기업윤리 강조가 기업 경쟁력의 원천	3.1	18.0	27.3	34.0	17.5
5. 분식회계와 같은 비리사건은 법적인 측면보다 윤리적 측면에서 해결해야 한다.	16.0	22.7	13.9	30.9	16.5

여기서: * -① 전혀 그렇지 않다   ② 별로 그렇지 않다   ③ 보통이다
④ 대체로 그렇다   ⑤ 매우 그렇다
** -%

1.5 내적 회계환경

각국의 회계는 자국의 특유한 회계환경의 상호작용 결과이며, 그 내용은 당해 국가의 토착적이며 관련적인 회계제도의 특성들을 반영하게 된다. 특히 회계 관련 문제를 해결하는 첫걸음은 회계환경의 실질을 정확히 포착하는 것이라고 할 수 있다. 따라서 회계정보 이해관계자들이 인식하는 회계 내적 환경에 대한 실태 분석이 중요하다. 이러한 회계환경에 대한 인식의 수준은 다양한 회계 관련 문제의 원인과 해결방안에 대한 시사점을 제공할 수 있다.

1) 회계제도

회계제도에 대한 이해관계자의 의식실태 분석 결과는 대체로 현재의 회계제도가 이해관계자 간의 갈등을 유발시킬 가능성이 존재하고(④와 ⑤의 응답률 57.2%), 회계의 가장 중요한 기능인 회계책임(accountability)을 제대로 수행하지 못하고 있다고 인식하고 있는 것으로 나타났다(④와 ⑤의 응답률 61.4%).

그러나 회계와 관련된 부정 및 비리사건의 원인이 회계제도의 미비에 의해 유발되는지에 대해서는 뚜렷한 인식 차이를 보여 주고 있다. 즉, 회계 부정 및 비리사건의 원인을 회계제도로 응답한 비율(①과 ②의 응답률 37.6%)과 그렇지 않다고 보는 비율(④와 ⑤의 응답률 36.6%)이 거의 대등하게 나타나고 있다. 이것은 현재의 회계 부정 및 비리가 단순하게 제도 개선만으로 해결할 수 있는 차원이 아님을 시사하고 있다.

<표 2-5> 회계제도에 대한 의식실태

우리나라의 현재 회계제도는	①*	②	③	④	⑤
1. 현재의 회계제도는 이해관계자 간의 갈등을 유발할 가능성이 존재	2.0**	6.7	34.0	49.5	7.7
2. 현행의 회계제도는 기업의 회계정보를 진실하게 알려 주는 회계책임을 수행하지 못함.	0.0	7.7	30.9	52.6	8.8
3. 회계와 관련된 부정 및 비리사건은 회계제도의 미비로 발생	3.6	34.0	25.8	32.0	4.6

여기서: * -① 전혀 그렇지 않다 ② 별로 그렇지 않다   ③ 보통이다
　　　　④ 대체로 그렇다 ⑤ 매우 그렇다
　　** -%

2) 회계기준과 목적

회계기준과 목적에 대한 이해관계자의 인식 실태는 먼저 기준 제정과정의 공개성과 민주성에 대해 신뢰성을 다소 부여하지 않는 것으로 나타났다(④와 ⑤의 응답률 40.7%). 이것은 과거 우리나라의 회계기준 제정과정이 사회적 합의 과정이 아니라 상명하복식 또는 행정중심주의에 의해 이루어졌던 관행을 어느 정도 반영된 결과이다.

또한 실태 분석 결과는 현행 회계기준의 내용과 실제 실무 간의 일치성 정도가 부정적 시각(①전혀 그렇지 않다의 응답률 20.1%)도 존재하지만 대체로 적정(③의 응답률 42.8%)하다고 인식하고 있음을 보여 준다.

유용한 회계정보 제공에 대한 회계목적의 달성에 대한 인식은 이해관계자 그룹에 의해 매우 부정적으로 인식(④와 ⑤의 응답률 65.0%)되고 있음을 보여 준다. 이것은 회계의 기본 가치에 대한 대중적 신뢰성이 매우 위협받고 있음을 시사하고 있다.

<표 2-6> 회계기준과 목적에 대한 의식실태

우리나라의 현재 회계기준은	①[*]	②	③	④	⑤
1. 현재의 회계기준 제정과정은 공개성 및 민주성이 존재하지 않는다.	2.0[**]	18.0	39.2	36.1	4.6
2. 현재의 회계기준들은 실제 회계환경의 실무적 상황을 전혀 반영하지 못하고 있다.	20.1	13.9	42.8	21.1	2.1
3. 현재 회계기준은 유용한 회계정보 제공 이하는 목적을 충실하게 달성하지 못하고 있다.	1.5	7.2	26.3	53.1	11.9

여기서: * -① 전혀 그렇지 않다   ② 별로 그렇지 않다   ③ 보통이다
　　　　 ④ 대체로 그렇다   ⑤ 매우 그렇다
　　** -%

3) 이해관계자 환경

회계정보 이해관계자들은 대체로 회계정보의 신뢰성, 정보 생성 및 공시에 대한 영향력 그리고 회계정보의 중립성 등에 대해 상당히 부정적 인식을 갖고 있음을 보여 준다.

먼저 회계정보의 신뢰성에 대해 응답자의 72.2%가 회계정보가 신뢰할 수 없다고 인식하고 있어, 최근의 회계신뢰성 위기의 심각성을 보여 주고 있다. 또한 설문 결과는 이해관계자들이 회계정보의 생성 및 공시에 대해 회계정보 제공자와 이용자 간에 불평등한 영향력을 갖는 것으로 인식(④와 ⑤의 응답률 70.6%)하고 있음을 보여 준다. 특히, 이러한 결과는 이해관계자들은 현행 회계시스템이 기업 관련 회계정보에 대해 정보 불균형 또는 정보편중을 유발하고 있다고 인식함을 나타낸다.

또한 회계정보의 중립성 문제도 이해관계자 간에 차이가 존재한다고 인식(④와 ⑤의 응답률 60.8%)하고 있는 것으로 나타났다. 특히, 회계정보의 중립성은 회계정보의 질적 속성 중 신뢰성을 확보하는 중요한 하부 속성으로 그 중요성이 존재한다. 그러나 회계는 모든 이해관계자로부터 완전히 중립적일 수 없다. 이것은 회계의 목적 자체가 투자자와 채권자를 중심으로 한 유용한 정보 제공임을 상기할 때, 회계정보의 중립성 문제는 또 다른 측면을 갖고 있다.

〈표 2-7〉 이해관계자 환경에 대한 의식실태

우리나라 회계정보이용자의 환경은	①[*]	②	③	④	⑤
1. 회계정보의 신뢰성에 대해 재무제표 이용자로써 의구심을 갖는다.	1.0[**]	7.2	19.1	53.1	19.6
2. 회계정보 제공자(기업, 정부 등)와 이용자(투자자, 채권자, 일반 대중)는 회계정보 생성 및 공시에서 동등한 영향력을 갖지 못한다.	0.0	9.3	20.1	57.2	13.4
3. 회계정보는 모든 회계정보이용자(경영자, 주주, 채권자, 투자자, 일반 대중)에 대해 중립적 입장을 유지하지 않고 있다.	2.5	8.2	28.4	52.6	8.2

여기서: * —① 전혀 그렇지 않다   ② 별로 그렇지 않다   ③ 보통이다
　　　　　 ④ 대체로 그렇다   ⑤ 매우 그렇다
　　** —%

4) 회계윤리

본 서는 회계윤리에 대한 이해관계자의 의식실태를 조사하기 위해 회계 부정 및 비리의 원인으로써 회계윤리와 기업에서 발생되는 비윤리적 회계행위들의 중심에 서 있는 내부 회계담당자의 윤리문제에 대해 설문 조사하였다.

분석 결과는 먼저 회계 부정 및 비리의 원인을 회계윤리의 부재에서 찾을 수 있다고 인식하는 응답자의 비율이 59.8%(④와 ⑤의 응답률 합계)로 나타났다. 이러한 결과는 이해관계자의 인식 속에는 현재 회계의 신뢰성을 저하시키는 회계 부정 및 비리의 원인을 회계윤리에 뿌리를 두고 있다고 의식하고 있음을 보여 준다. 특히 본 연구 보고에서 회계의 신뢰성 회복 방향으로 회계윤리를 제안하는 것에 대해 어느 정도의 대중적 지지 근거를 보여 주는 실증 결과이기도 하다.

기업 내부 회계담당자의 회계윤리 구조에 대한 설문은 응답자의 75.7%(④와 ⑤의 응답률 합계)가 기업에서의 내부 회계담당자는 기업에 대한 충성심과 윤리적 도덕심 사이에서 자주 갈등하는 것으로 인식하고 있다. 이러한 설문 결과는 기업의 회계정보 생성 및 공시에서 가장 중요한 역할을 담당하는 내부 회계담당자의 회계윤리문제가 거의 무방비 상태로 비윤리적 유인에 노출되어 있음을 간접적으로 보여 준다. 특히 외부 감사인의 회계윤리

와 내부 회계담당자의 회계윤리문제는 매우 밀접한 관계가 있고, 이 두 집단의 회계윤리문제가 동시에 고려되어야 회계정보의 신뢰성 문제가 근본적으로 해결될 수 있음을 상기해야 한다.

<표 2-8> 회계윤리에 대한 의식실태

우리나라의 현재 회계윤리는	①[*]	②	③	④	⑤
1. 회계와 관련된 부정 및 비리사건은 대부분 회계윤리의식이 없어서 방생된다.	1.5[**]	21.1	17.5	47.4	12.4
2. 기업 내부 회계담당자는 기업에 대한 충성심과 회계윤리 사이에서 자주 갈등하는 구조를 갖고 있다.	0.0	5.7	18.6	54.6	21.1

여기서: * -① 전혀 그렇지 않다　② 별로 그렇지 않다　③ 보통이다
　　　　④ 대체로 그렇다　⑤ 매우 그렇다
　　** -%

2. 회계신뢰성 제고방향

2.1 회계정보의 신뢰성 저하원인

회계정보의 신뢰성 저하원인에 대한 공인회계사, 교수 및 이해관계자 집단 간의 의식실태 조사 결과는 다음 <표 2-9>에 제시되어 있다. 먼저 각 그룹별로 살펴보면, 공인회계사 그룹은 회계정보의 신뢰성 저하의 1순위로 기업의 불건전한 회계 관행(56.0%)과 회계감사인의 독립성 및 윤리의식 약화(26.9%)를 언급하였고, 교수그룹 역시 회계감사인의 독립성 및 윤리의식 약화(55.3%)와 기업의 불건전한 회계 관행(28.9%)을 제시하였다. 이해관계자 그룹은 기업의 불건전한 회계 관행(43.8%), 회계감사인의 독립성 및 윤리의식 약화(23.7%) 그리고 사회 전반의 불신풍조(18.0%)를 언급하였다.

또한 분석 결과 중 2순위와 3순위에 대한 각 그룹 간 의식실태도 거의 대동소이하게 회계감사인의 독립성 및 윤리의식 약화와 기업의 불건전한 회계 관행이 가장 주된 원인으로 제시되고 있다. 그러나 공인회계사 그룹의 경우 2순위와 3순위에서 재무보고의 실질적 유용성 저하, 재무보고 이해관계자 간의 갈등 등을 2차적 원인으로 인식하고 있었다. 교수그룹과 이해관계자 그룹의 경우에는 정부의 규제미비, 이해관계자 간의 갈등과 불신으로 인식하고 있었다.

이러한 결과는 최근 회계정보의 신뢰성의 심각한 위기의 원인으로 설문조사 대상 그룹이 거의 동일하게 기업의 불건전한 회계 관행과 회계감사인의 윤리성 약화에 두고 있음을 보여 주었다. 이것은 향후 회계의 신뢰성 회복과 제도의 개선의 방향이 어디에 있는가에 대해 상당한 의미를 제공한다.

<표 2-9> 회계정보의 신뢰성 저하원인에 대한 의식실태

	공인회계사			교수			이해관계자		
	1순위	2순위	3순위	1순위	2순위	3순위	1순위	2순위	3순위
1. 회계감사인의 독립성 및 윤리의식 약화	6.9[*]	23.1	27.6	55.3	15.8	10.5	23.7	24.2	18.0
2. 회계기준의 미비	2.2	4.5	3.7	2.6	5.3	2.6	3.1	5.2	13.9
3. 기업의 불건전한 회계 관행	56.0	33.6	6.0	28.9	47.4	10.5	43.8	35.1	9.3
4. 사회 전반의 불신풍조	7.5	14.9	17.2	5.3	5.3	31.6	18.0	12.9	13.9
5. 정부의 규제제도의 미비	1.5	9.0	10.4	0.0	7.9	15.8	5.7	7.7	19.6
6. 재무보고의 실질적인 유용성 저하	4.5	9.0	17.9	2.6	10.5	13.2	0.5	4.6	8.2
7. 재무보고 관련 이해관계자 간의 갈등과 불신	1.5	6.0	17.2	5.3	7.9	15.8	3.6	9.3	13.9

여기서, * -%

2.2 회계윤리의식 제고방향

회계윤리의 제고방향에 대한 각 설문 그룹 간의 의식실태는 <표 2-10>에 제시되어 있다. 먼저 각 그룹 간의 의식실태를 살펴보면, 공인회계사들이 인식하는 회계윤리 제고방향은 소송 또는 손해배상과 같은 법률정비(26.1%), 회계윤리 관련 제도의 정비(24.6%) 그리고 개개인의 회계윤리 의식전환(16.4%)으로 제시하였다. 특히, 공인회계사의 경우 소송과 손해배상과 같은 법률 또는 제도를 통해 회계윤리를 제고시켜야 한다는 시각이 지배적이다.

이에 비해 교수그룹은 회계윤리제도의 정립(36.8%), 회계윤리교육의 강화(21.1%) 그리고 회계윤리 관련 개념과 철학의 정립(23.7%)으로 제시하였고, 이해관계자 그룹은 가장 높은 비중을 차지하는 제고방향으로 회계윤리 관련 개념과 철학의 정립(21.6%), 회계윤리제도의 정립(20.1%), 개개인의 회계윤리 의식전환(27.8%)이라고 인식하고 있다.

이 결과는 우리나라에서 회계전문가들의 회계윤리 의식의 제고를 위한 방향이 크게 철학, 제도 그리고 교육으로 요약됨을 보여 준다. 또한 이러한 요인 못지않게 기본적으로 회계전문가 개개인의 회계윤리 의식 고양을 위한 노력이 중요한 요인임을 모든 그룹에서 공통적으로 인식하고 있음을 의미한다.

<표 2-10> 회계윤리의식 제고방향에 관한 의식실태

	공인회계사			교수			이해관계자		
	1순위	2순위	3순위	1순위	2순위	3순위	1순위	2순위	3순위
1. 회계윤리 관련 개념 및 철학 정립	15.7[*]	11.9	11.2	23.7	10.8	5.3	21.6	19.1	15.5
2. 회계윤리 의사결정 모델의 개발	6.0	9.0	3.7	2.6	2.6	5.3	6.7	13.4	19.6
3. 회계윤리 관련 제도의 정립	24.6	19.4	15.7	36.8	21.1	7.9	20.1	21.1	19.1
4. 회계윤리교육의 정비 및 강화	11.2	21.6	20.9	21.1	26.3	18.4	8.8	16.5	20.6
5. 소송 또는 손해배상과 같은 법률의 제정	26.1	19.4	16.4	10.5	31.6	21.1	13.4	4.6	8.8
6. 개개인의 회계윤리 의식의 전환 노력	16.4	18.7	32.1	5.3	7.9	42.1	27.8	23.7	13.9

여기서, * -%

제3장
회계윤리 철학에 대한 실태 조사

1. 회계학 교수를 대상으로 한 의식실태 결과

먼저, 회계윤리에 대한 철학적 문제에 대한 인지도를 조사하기 위하여 회계학 교수 38명을 대상으로 설문 조사를 실시하였는데, 도덕적 가치와 규범의 보편타당성에 관한 질문과 윤리체계에 관한 질문에 대해서는 응답자의 대부분이 상대주의 윤리설과 의무론적 윤리설이 적합하다고 응답했다. 이는 회계가 응용과학임을 감안할 때 어떤 절대적인 기준을 제시하기 어렵다는 점에서 상대주의 윤리설이 적합하다고 응답한 것으로 여겨진다. 그리고 윤리체계에서는 예상했던 결과와는 달리 대부분 의무론적 윤리설이 적합하다고 응답함으로써 비록 회계가 응용과학이지만 윤리체계는 기준으로 삼을 만한 표준을 필요로 함을 인식하고 있음으로 여겨진다.

그리고 윤리문제에 있어서의 한국의 특수성의 존재에 대한 질문에 대해서는 응답자의 65.8%가 존재한다고 여기고 있는 것으로 나타남으로써 윤리문제를 논함에 있어서 이를 감안해야 함을 알 수 있다. 또한 필요한 윤리적 덕목으로는 인(仁), 신(信), 선(善), 덕(德), 정의(正義) 중에서 신(信)과 정의(正義)가 가장 필요한 항목으로 여기고 있는 것으로 나타났다.

본 연구에서는 회계윤리의식 제고를 위한 방안으로 인(仁)사상을 제시했는데 조사결과만을 봤을 때 아직까지 사회과학분야에서는 유교의 인(仁)사상에 대한 정확한 이해가 부족하여 이러한 결과가 나온 것으로 여겨지며, 또한 신(信)과 정의(正義)가 인(仁)을 실천하기 위한 덕목이라는 점을 감안하면 본 연구의 제시방안을 크게 벗어나지 않는다고 해석할 수 있다. 그리고 마지막으로 덕 윤리와 실천윤리에 관한 질문에 대해서는 응답자의 대부분이 실천윤리가 강조되어야 한다고 응답했는데, 이는 회계가 사회과학이고 응용학문이라는 점에서 당연한 결과라 해석할 수 있다. 회계학 교수들에 대한 설문 조사 결과를 요약하면 〈표 3-1〉과 같다.

<표 3-1〉 철학적 기준에 대한 설문 조사 결과(회계학 교수)

설 문 항 목		빈도	비율(%)
1. 도덕적 가치와 규범의 보편 타당성 측면	① 절대주의 윤리설	9	23.7
	② 상대주의 윤리설	26	68.4
	③ 기타	3	7.9
	합 계	38	100%
2. 윤리체계	① 목적론적 윤리설	4	10.5
	② 의무론적 윤리설	30	78.9
	③ 기타	4	10.5
	합 계	38	100%
3. 한국 or 동양의 특수성	① 존재한다	25	65.8
	② 존재하지 않는다	11	28.9
	③ 기타	2	5.3
	합 계	38	100%
4. 윤리덕목	1순위 신(信)	25	65.8
	2순위 정의(正義)	22	57.9
5. 덕 윤리와 실천윤리	① 덕 윤리	3	7.9
	② 실천윤리	32	84.2
	③ 기타	3	7.9
	합 계	38	100%

2. 공인회계사를 대상으로 한 의식실태 결과

다음으로는 회계윤리에 대한 철학적 문제에 대한 인지도를 조사하기 위하여 공인회계사 99명을 대상으로 설문 조사를 실시하였는데, 직업의 특성상 교수들보다는 철학적 문제에 대한 고민이 적다고 여겨져서 필요한 윤리적 덕목과 덕 윤리와 실천윤리에 관한 질문만을 하였다. 조사결과를 살펴보면, 먼저 강조되어야 할 윤리적 덕목에 관한 질문에 대해서는 1순위가 정의(正義), 2순위가 신(信)이라고 응답함으로써 위의 조사결과와 비교했을 때 정의(正義)와 신(信)의 항목이 순위만 바뀌었을 뿐 중요하다고 여기는 덕목에 대해서는 크게 변화가 없음을 알 수 있다. 그리고 덕 윤리와 실천윤리에 관한 질문에 대해서는 실천윤리가 강조되어야 한다고 응답한 것이 84.7%로 위의 결과와 거의 유사함을 알 수 있다. 공인회계사에 대한 설문 조사 결과를 요약하면 〈표 3-2〉와 같다.

〈표 3-2〉 철학적 기준에 대한 설문 조사 결과(공인회계사)

설 문 항 목			빈도	비율(%)
1. 윤리덕목	1순위	정의(正義)	71	71.7
	2순위	신(信)	60	60.6
2. 덕 윤리와 실천윤리		① 덕 윤리	12	12.1
		② 실천윤리	83	83.8
		③ 기타	4	4.1
		합 계	99	100%

제 4 장
회계윤리교육에 대한 실태 조사

회계윤리교육과 관련한 실태 조사를 분석함으로써 우리나라의 회계윤리교육의 현상이 어떠한가를 살펴보고자 한다.

1. 회계윤리교육의 필요성

회계학 교수들을 대상으로 그룹에게 회계학교육에 있어 회계윤리교육이 필요하다고 생각하느냐의 질문을 '전혀 불필요하다'에서 '대단히 필요하다'까지 5점 척도로 평가하도록 하였다. 응답 결과, 회계윤리교육이 '필요하다'와 '대단히 필요하다'는 응답의 합계가 81.5%나 되어 회계학 교수그룹은 회계윤리교육의 필요성을 높게 인식하고 있는 것으로 보인다. 한편 이해관계자들을 대상으로 대학의 윤리교육을 강화할 필요가 있느냐라는 질문을 하였는데, 여기에서도 필요하다는 응답이 67%나 되어 윤리교육의 필요성을 높게 인식하고 있는 것으로 조사되었다.

<표 4-1> 회계윤리교육의 필요성

		전혀 불필요하다	불필요하다	보통이다	필요하다	대단히 필요하다	기타	합 계
회계학 교수	빈도(명)	2	0	3	14	17	2	38
	비율(%)	5.3	0.0	7.9	36.8	44.7	5.3	100

		불필요하다	기본도덕교육으로	필요하다	기타	합 계
기 타	빈도(명)	15	47	130	2	194
	비율(%)	7.7	24.2	57.0	1.0	100

2. 평생윤리교육의 필요성

회계학 교수와 공인회계사를 대상으로 학교를 졸업한 기업의 회계담당자나 공인회계사를 대상으로 하는 지속적인 윤리교육프로그램이 필요하다고 생각하느냐는 질문에 회계학 교수는 94.7%가, 공인회계사는 76.8%가 필요하다고 응답하여 두 그룹 모두가 회계윤리교육이 대학에서만 이루어져서는 안 되고 졸업 후에도 지속적으로 이루어져야 한다고 인식하는 것으로 조사되었다.

<표 4-2> 평생윤리교육의 필요성

		불필요하다	필요하다	기 타	합 계
회계학 교수	빈도(명)	0	36	2	38
	비율(%)	0.0	94.7	5.3	100.0
공인회계사	빈도(명)	19	76	4	99
	비율(%)	19.2	76.8	4.0	100.0

3. 회계윤리교육의 목적

회계윤리교육의 목적으로 윤리적인 행위의 실천성향 향상을 응답한 것이 91.4%나 되어 윤리교육의 목적은 단순히 윤리적인 문제를 인식하는 인지능력 향상에만 있는 것이 아니고 윤리교육을 통하여 개인이 실제로 윤리적인 행위를 하도록 유발시키는 것에 있는 것으로 나타났다.

〈표 4-3〉 회계윤리교육의 목적 (회계학 교수)

	윤리적인 문제에 대한 인지능력 향상	윤리적인 행위의 실천성향 향상	기 타	합 계
빈도(명)	2	32	1	35
비율(%)	5.7	91.4	2.9	100.0

4. 회계윤리교육의 범위

회계윤리교육이 일반 윤리교육과 다름에도 불구하고, 회계윤리교육을 함에 있어서는 회계윤리에 특수한 사항뿐만 아니라 전반적인 윤리사항이 같이 교육되어야 한다는 응답이 60.5%가 되었다. 그러나 회계윤리에 특수한 사항 및 회계윤리기준을 교육해야 한다는 응답이 21.1%와 7.9%로 나타난 반면, 전반적인 윤리사항을 교육해야 한다는 의견은 2.6%에 불과해 회계윤리교육에 있어서 회계와 관련한 윤리교육의 비중이 일반 윤리교육의 비중보다 더 커야 할 것으로 인식하고 있는 것 같다.

<표 4-4> 회계윤리교육의 범위 (회계학 교수)

	전반적인 윤리사항	회계윤리에 특수한 상황	두 가지를 병 행	윤리기준의 교 육	기 타	합 계
빈도(명)	1	8	23	3	3	38
비율(%)	2.6	21.1	60.5	7.9	7.9	100.0

5. 회계윤리교육의 방법

회계윤리교육을 하기 위한 가장 좋은 방법이 무엇이냐는 설문에 교수 및 이해관계자 모두가 이론적인 학습과 현장학습을 병행하는 방법을 가장 선호하였으며, 특히 이론적인 학습보다는 현장학습이 좀더 선호되는 것으로 조사되어 회계윤리교육이 효과적이기 위해서는 이론적인 학습에만 치중하는 지금의 교육환경이 현장학습도 어느 정도 포용하는 방향으로 다소 변화될 필요가 있을 것으로 생각된다.

<표 4-5> 회계윤리교육의 방법

		이론적인 학습	현장학습	양방법의 병행	기 타	합 계
회계학 교수	빈도(명)	3	5	26	4	38
	비율(%)	7.9	13.2	68.4	10.5	100.0
이해관계자	빈도(명)	18	49	124	3	194
	비율(%)	9.3	25.3	63.9	1.5	100.0

6. 회계윤리과목 개설 여부

    회계윤리와 관련한 교과목의 개설 여부에 관한 질문에 있어서는, 예상한 바와 같이 대부분의 대학에서는 회계윤리와 관련한 교과목을 개설하고 있지 않는 것으로 나타나, 독립적인 회계윤리교육이 제대로 시행되고 있지 않는 것으로 보인다.

    회계윤리와 관련한 교과목을 개설한 경우, 개설과목명은 〈인간과 윤리〉가 1명, 〈회계와 사회〉가 2명, 무응답 1명이었으며, 과목 종별은 모두 전공선택이었다.

〈표 4-6〉 회계윤리과목 개설 여부

	예	아니오	기 타	합 계
빈도(명)	4	31	3	38
비율(%)	10.5	81.6	7.9	100.0

7. 강의 방법 및 과목 개설 후의 어려움

    회계윤리 관련과목의 강의는 한 명의 교수가 전담한다고 응답한 것이 2명이었으며, 교양공통과목으로 여러 명이 교육한다고 응답한 것이 1명으로 조사되었다. 한편 과목 개설 후의 어려움으로는 적절한 교재의 부족이라는 응답이 2명이었으며, 적절한 강사의 부족이라는 응답이 1명으로 조사되었다. 따라서 회계윤리교육을 하기 위해서는, 적절한 교수 인력이 확보되어야 할 뿐만 아니라 체계적인 강의가 이루어질 수 있도록 적절한 교재가 확보되어야 할 것으로 보인다.

8. 과목을 개설하지 않은 이유

과목을 개설하지 않은 이유로서는 응답자의 45.7%가 타 과목에 비해 상대적으로 낮은 우선순위를 응답하였다. 이는 대부분의 응답자들이 회계윤리교육의 필요성을 인식하고 있음에도 불구하고 회계가 전문적이기 때문에 회계학교육은 회계전문가를 양성하기 위해 인성교육보다는 전문가교육을 우선할 수밖에 없었던 현실을 반영한 것으로 보인다. 두 번째로 많은 응답은 학과 교수들의 관심 부족이었는데, 이는 17.1%였다. 윤리교육이 필요하다는 응답이 94.7%였다는 점을 감안한다면, 이 응답 역시 타 과목에 비해 상대적으로 낮은 우선순위와 완전히 무관한 것으로 볼 수 없을 것 같다. 한편 부분적으로 다루는 경우, 과목명은 〈회계감사〉, 〈회계이론〉, 〈회계측정론〉, 〈회계학세미나〉, 〈경리실무〉, 〈세무회계실무〉 등이었다.

〈표 4-7〉 과목을 개설하지 않은 이유 (회계학 교수)

	타 과목에서 부분적으로 다룸	학과교수들의 관 심 부 족	적 절 한 강사 부족	타 과목에 비해 낮은 우선순위	기 타	합 계
빈도(명)	4	6	2	16	7	35
비율(%)	11.4	17.1	5.7	45.7	20.1	100.0

9. 회계윤리과목 별도 개설 계획

회계윤리와 관련한 과목을 별도로 개설할 계획이 있느냐는 설문에 개설을 하겠다는 응답이 21.1%로 나타나 회계윤리교육이 독립적으로 이루어질 것

같지는 않다. 그러나 이것은 윤리교육의 필요성에 대한 응답을 고려할 경우, 회계윤리교육을 하지 않겠다는 것을 의미하는 것은 아니라고 보며, 단지 교육의 효과나 교육환경 등을 고려하여 타 과목에서 회계윤리를 부분적으로 교육하는 등의 방법으로 보인다.

〈표 4-8〉 별도 개설 계획 (회계학 교수)

	유	무	기 타	합 계
빈도(명)	8	25	5	38
비율(%)	21.1	65.7	13.2	100.0

10. 별도 개설 시의 예상 문제점

회계윤리 관련과목을 별도로 개설한다면 예상되는 어려움이 무엇이냐는 질문에 타 과목에 비해 낮은 우선순위가 31.6%로 1순위, 적절한 교재의 부족이 23.7%로 2순위였으며 적절한 강사 부족이 10.5%로 3순위였다. 이를 통해서 우리는 회계윤리교육의 가장 큰 장애는 다른 과목에 비해 낮은 우선순위인 것을 알 수 있다. 회계윤리교육을 하려고 하더라도 적절한 회계윤리교육을 할 수 있는 프로그램이 부재하고, 윤리교육을 둘러싼 제반 환경이 모두 열악하여 회계윤리교육이 제대로 시행되지 못하였기 때문에 앞으로도 이러한 문제의 해결 없이는 올바른 윤리교육이 이루어지지 못할 것으로 보인다.

〈표 4-9〉 별도 개설 시 어려운 점 (회계학 교수)

	적절한 강사 부족	동료교수들의 이해 부족	적절한 교재 부족	타 과목에 비해 낮은 우선순위	기 타	합 계
빈도(명)	4	2	9	12	11	38
비율(%)	10.5	5.3	23.7	31.6	28.9	100.0

제 5 장
회계윤리제도에 대한 실태 조사

1. 공인회계사 업무 수행에 영향을 미치는 주체

공인회계사들을 대상으로, 공인회계사의 윤리적인 업무 수행(독립성 포함)에 가장 큰 영향을 주는 것은 누구라고 생각하느냐에 대한 질문에서 1순위 응답은 기업 경영자(81.6%)가 압도적으로 많았으며, 2순위 응답은 기업회계담당자와 정부가 각각 41.2%로 나타났다. 이러한 결과를 볼 때 기업 경영자가 공인회계사의 업무 수행에 가장 큰 영향을 미치고 있으며, 기업회계담당자와 정부도 그 다음으로 많은 영향을 미치고 있다는 것을 알 수 있다.

〈표 5-1〉 공인회계사 업무 수행에 영향을 미치는 주체

		기업 경영자	기 업 회계담당자	정 부	회계학 교수	일반국민	합 계
1순위	빈도(명)	80	3	12	1	2	98
	비율(%)	81.6	3.1	12.2	1.0	2.0	100.0
2순위	빈도(명)	16	40	40	0	1	97
	비율(%)	16.5	41.2	41.2	0.0	1.0	100.0

2. 공인회계사와 함께 회계윤리의식이 요구되는 주체

공인회계사들을 대상으로, 회계의 신뢰성 제고를 위해 공인회계사와 함께 회계윤리의식이 가장 요구되는 것은 누구라고 생각하느냐에 대한 질문의 1순위 응답은 기업 경영자(86.6%)가 압도적으로 많았으며, 2순위 응답은 기업회계담당자(63.9%)가 과반수를 차지하였다. 이러한 결과를 볼 때 공인회계사들은 기업의 경영자와 기업회계담당자에게 회계윤리의식이 절대적으로 필요하다고 인식하고 있음을 알 수 있다.

〈표 5-2〉 공인회계사와 함께 회계윤리의식이 요구되는 주체

		기업 경영자	기 업 회계담당자	정 부	회계학 교수	일반국민	합 계
1순위	빈도(명)	84	5	5	1	2	97
	비율(%)	86.6	5.2	5.2	1.0	2.1	100.0
2순위	빈도(명)	12	62	17	0	6	97
	비율(%)	12.4	63.9	17.5	0.0	6.2	100.0

3. 집단소송제와 내부고발제도의 효과

공인회계사들을 대상으로, 집단소송제가 도입될 경우 공인회계사와 경영자의 회계윤리수준을 높이는 데 도움이 될 것이라 생각하느냐에 대한 질문에서 '그렇다'라는 응답은 66.3%, '그저 그렇다'는 22.4%, '아니다'는 11.2%로

나타나고 있다. 이러한 결과를 볼 때 대부분의 공인회계사들이 집단소송제가 도입될 경우 공인회계사와 경영자의 회계윤리수준을 높일 수 있을 것이라고 인식하고 있다는 것을 알 수 있다.

또한, 기업이나 경영자의 반사회적 행위 및 부정이나 비리를 회사 내부의 사람이 고발하는 내부고발제도가 공인회계사와 경영자의 윤리수준을 높이는 데 도움이 될 것이라 생각하느냐에 대한 질문에서 '그렇다'라는 응답은 58.2%, '그저 그렇다'는 22.5%, '아니다'는 16.3%로 나타나고 있다. 이러한 결과를 볼 때, 대부분의 공인회계사들이 내부고발제도가 도입될 경우 공인회계사와 경영자의 회계윤리수준을 높일 수 있을 것이라고 인식하고 있다는 것을 알 수 있다.

〈표 5-3〉 집단소송제와 내부고발제도의 효과

		전 혀 아니다	대체로 아니다	그 저 그렇다	그렇다	매 우 그렇다	합 계
집단소송제도	빈도(명)	6	5	22	26	39	98
	비율(%)	6.1	5.1	22.4	26.5	39.8	100.0
내부고발제도	빈도(명)	7	9	25	32	25	98
	비율(%)	7.1	9.2	25.5	32.7	25.5	100.0

4. 회계윤리의식 저하의 가장
큰 원인이 되는 제도

공인회계사들을 대상으로, 어떠한 제도가 회계윤리의식 저하의 가장 큰 원인이라고 생각하느냐의 질문에 대한 1순위의 응답은 수임제도가 91.7%

로서 압도적으로 높게 나타났다. 2순위의 응답은 보수제도(65.3%)가 가장 높게 나타났으며, 3순위 응답은 징계제도(26.1%)와 감리제도(21.7%) 순으로 나타났다. 이러한 결과를 볼 때, 공인회계사들은 수임제도와 보수제도가 회계윤리의식 저하의 가장 큰 원인이 되고 있다고 생각하고 있음을 알 수 있다.

<표 5-4> 회계윤리의식 저하의 가장 큰 원인이 되는 제도

		징계 제도	감리 제도	수임 제도	보수 제도	자격 제도	직업 윤리규정	외감법	회계감사기준 과 준칙	합 계
1순위	빈도(명)	2	0	88	3	0	1	2	0	96
	비율(%)	2.1	0.0	91.7	3.1	0.0	1.0	2.1	0.0	100.0
2순위	빈도(명)	13	8	3	62	1	1	4	3	95
	비율(%)	13.7	8.4	3.2	65.3	1.1	1.1	4.2	3.2	100.0
3순위	빈도(명)	24	20	2	8	11	11	12	4	92
	비율(%)	26.1	21.7	2.2	8.7	12.0	12.0	13.0	4.3	100.0

5. 자율 규제 여부

공인회계사들을 대상으로, 현행 회계윤리문제를 개선하기 위해서 공인회계사에 의한 자율 규제가 바람직하다고 생각하느냐의 질문에서 '그렇다'라는 응답은 46.4%, '그저 그렇다'는 34%, '아니다'는 19.6%로 나타나고 있다. 이러한 결과를 볼 때 회계윤리문제를 개선하기 위해서 자율 규제가 바람직하다고 생각하는 공인회계사들이 그렇지 않은 사람들에 비해 많다는 것을 알 수 있다.

<표 5-5> 자율 규제 여부

	전혀 아니다	대체로 아니다	그저 그렇다	그렇다	매우 그렇다	합 계
빈도(명)	4	15	33	29	16	97
비율(%)	4.1	15.5	34.0	29.9	16.5	100.0

6. 자율 규제 시행제도

공인회계사들을 대상으로, 자율 규제를 해야 한다면 어떠한 제도에서 시행하는 것이 좋겠느냐는 질문에서 1순위의 응답으로 수임제도가 67%로서 가장 높게 나타났으며, 2순위 응답으로 보수제도가 50%로 가장 높게 나타났다. 이러한 결과를 볼 때 공인회계사들은 자율 규제를 한다면 수임제도와 보수제도에서 먼저 시행해야 할 것으로 인식하고 있다는 것을 알 수 있다.

<표 5-6> 자율 규제 시행제도

		징계 제도	감리 제도	수임 제도	보수 제도	자격 제도	합 계
1순위	빈도(명)	9	15	65	7	1	97
	비율(%)	9.3	15.5	67.0	7.2	1.0	100.0
2순위	빈도(명)	15	17	14	48	2	96
	비율(%)	15.6	17.7	14.6	50.0	2.1	100.0

7. 상호 감리제도

　공인회계사들을 대상으로, 새로이 도입되는 상호 감리제도가 회계윤리문제를 개선하는 데 도움이 될 것이라 생각하느냐의 질문에서 '그렇다'라는 응답은 33.6%, '그저 그렇다'는 42.9%, '아니다'는 23.5%로 나타나고 있다. 이러한 결과를 볼 때 회계윤리문제를 개선하기 위해서 상호 감리제도가 도움이 될 것이라 생각하는 공인회계사들이 그렇지 않은 사람들에 비해서 많다는 것을 알 수 있다.

〈표 5-7〉 상호 감리제도

	전혀 아니다	대체로 아니다	그저 그렇다	그렇다	매우 그렇다	합 계
빈도(명)	9	14	42	31	2	98
비율(%)	9.2	14.3	42.9	31.6	2.0	100.0

8. 감사인선임위원회의 독립성

　공인회계사들을 대상으로, 기업 내에서 외부 감사인을 선임하는 역할을 하고 있는 감사인선임위원회가 독립성을 지킬 수 있을 것이라 생각하느냐에 대한 질문에서 '그렇다'라는 응답은 13.4%, '그저 그렇다'는 35.1%, '아니다'는 51.6%로 나타나고 있다. 이러한 결과를 볼 때 대부분의 공인회계사들은 감사인선임위원회의 독립성 유지에 대해 회의를 갖고 있는 것을 알 수 있다.

<표 5-8> 감사인선임위원회의 독립성

	전혀 아니다	대체로 아니다	그저 그렇다	그렇다	매우 그렇다	합 계
빈도(명)	19	31	34	11	2	97
비율(%)	19.6	32.0	35.1	11.3	2.1	100.0

9. 국내 회계시장 개방과 공인회계사 자격시험 변경 여부

공인회계사들을 대상으로, 외국회계법인에게 국내 회계시장을 개방하여 외국회계법인과 국내 회계법인이 자유경쟁하게 될 경우, 우리나라의 회계윤리수준이 높아질 것으로 생각하느냐의 질문에서 '그렇다'라는 응답은 29.2%, '그저 그렇다'는 31.3%, '아니다'는 39.6%로 나타나고 있다. 이러한 결과를 볼 때 국내 회계시장을 외국회계법인에게 개방하는 것을 반대하는 공인회계사들이 많다는 것을 알 수 있다.

또한, 현행의 공인회계사 자격시험을 변경(예, 절대평가제)하여 현재보다 많은 수의 공인회계사를 선발하는 것이 회계윤리수준을 높이는 데 도움이 될 것이라 생각하느냐는 질문에서 '그렇다'라는 응답은 4.1%, '그저 그렇다'는 13.5%, '아니다'는 82.3%로 나타나고 있다. 이러한 결과를 볼 때, 대부분의 공인회계사들은 공인회계사 자격시험의 변경으로 많은 수의 공인회계사를 선발하는 것이 회계윤리수준을 높이는 데 도움을 주지 못할 것이라고 인식하고 있음을 알 수 있다.

<표 5-9> 국내 회계시장 개방과 공인회계사 자격시험 변경 여부

		전 혀 아니다	대체로 아니다	그 저 그렇다	그렇다	매 우 그렇다	합 계
국내 회계 시장 개방	빈도(명)	22	16	30	22	6	96
	비율(%)	22.9	16.7	31.3	22.9	6.3	100.0
공인회계사 자격시험 변경	빈도(명)	60	19	13	1	3	96
	비율(%)	62.5	19.8	13.5	1.0	3.1	100.0

10. 회계신뢰성 저하의 주 책임대상

공인회계사들을 대상으로, 현재 우리나라의 회계신뢰성이 저하된 가장 큰 원인은 누구에게 있다고 보느냐는 질문에서 1순위의 주요한 원인이 기업 경영자(72.2%)였으며, 그 다음이 정부(20.6%)였다. 2순위에 대한 응답은 정부(25.8%), 공인회계사(24.7%), 기업 경영자(23.7%), 기업회계담당자(21.6%)의 순으로 각 항목별로 큰 차이 없이 나타났다. 이상의 결과로서 대부분의 공인회계사들은 회계의 신뢰성이 저하된 가장 주된 원인이 기업 경영자에게 있는 것으로 보고 있다는 것을 알 수 있다. 이것으로 기업의 경영자가 공인회계사가 업무를 수행함에 있어 다른 주체에 비해 절대적인 영향력을 미치고 있다는 것을 추정할 수 있다.

<표 5-10> 회계신뢰성 저하의 주 책임대상

		기 업 경영자	기 업 회계담당자	공 인 회계사	정 부	일반 국민	합 계
1순위	빈도(명)	70	3	1	20	3	97
	비율(%)	72.2	3.1	1.0	20.6	3.1	100.0
2순위	빈도(명)	23	21	24	25	4	97
	비율(%)	23.7	21.6	24.7	25.8	4.1	100.0

11. 감사인선임위원회에 노조대표 포함 여부

감사위원회의 독립성을 제고시키기 위해서 노조대표나 종업원 대표를 감사위원회의 구성원으로 포함시키는 것을 어떻게 생각하느냐에 대한 질문에 찬성이 55.8%, 반대가 44.2%로서 과반수가 찬성하는 결과로 나타났다. 이러한 결과를 볼 때 대부분의 공인회계사들은 감사위원회에 노조대표나 종업원 대표를 포함시키는 것이 감사위원회의 독립성을 제고시킬 수 있을 것이라 생각하고 있음을 알 수 있다.

<표 5-11> 감사인선임위원회에 노조대표 포함 여부

	찬 성	반 대	합 계
빈도(명)	53	42	95
비율(%)	55.8	44.2	100.0

제6장
회계감사제도에 대한 실태 조사

━━━━━━━━━━━━━━━━ 본 서는 회계의 신뢰성에 가장 중요한 영향을 미치는 회계감사제도 전반에 대한 이해관계자의 의식실태를 분석하였다. 이러한 분석을 통해 우리나라 회계감사제도에 대한 신뢰성 회복을 위한 정책적 방향을 간접적으로 탐색하고자 한다.

1. 회계감사제도와 신뢰성

회계감사제도의 신뢰성에 관한 설문분석 결과에서, 우리나라 회계정보 이해관계자의 상당수가 회계감사제도에 대해 전반적으로 부정적 시각을 가지고 있는 것으로 나타났다. 더욱이 선행 연구에서도 외부 감사인의 윤리적 행위(예, 독립성)의 중요 영향요인인 감사인 지정과 교체방식(손성규, 1999, 2000), 감사보수체계(최관·주인기, 1998; 정명환·한기택, 1999), 감리제도(조성표, 2000) 등에 대해 상당히 부정적 시각을 갖고 있음을 보여 주었다.

먼저 외부 감사인이 감사한 재무제표에 대한 신뢰성 문제는 응답자의 62.8%(①과 ②의 응답률 합계)가 신뢰성에 의구심을 갖고 있음을 보여 준다. 이러한 설문 결과를 통해 현재 우리나라 회계감사가 이해관계자에 의해 신뢰성 측면에서 매우 부정적 이미지를 갖고 있음을 알 수 있다. 그러나 외부 감사인이 감사하지 않은 재무제표에 높은 신뢰성을 부여하지 않는다고 응답한 비율이 83.5%(①과 ②의 응답률 합계)로 나타났다. 이러한 결과는 이해관계자들이 감사의 본질적 필요성은 인식하고 있음을 나타냈다.

외부 감사인의 윤리적 행위를 지원하는 감사환경에 대한 설문 결과는 대체로 부정적인 시각을 보여 준다. 예를 들어, 이해관계자들은 현행감사인 지정방식인 자유수임제도가 감사인과 기업 간의 계약적 관계를 평등하게 하지 못하고, 불평등 또는 불리하게 한다고 인식(④와 ⑤의 응답률 60.3%)하고 있다. 또한 이해관계자들은 회계감사의 질적 통제제도인 감리제도 역시 그 기능을 제대로 수행하지 못하고 있는 것으로 인식(①과 ②의 응답률 57.3%)하고 있고, 감사인의 부정과 저급 감사품질의 원인이 현행감사보수체계에 어느 정도 있다는 시각(④와 ⑤의 응답률 43.8%)을 보유하고 있다.

마지막으로, 이해관계자의 회계감사제도에 대한 신뢰성 저하가 감사제도와 실무에 대한 이해관계자의 기대 차이에 의해 발생되고 있음을 나타낸다 (④와 ⑤의 응답률 70.7%). 즉, 이해관계자가 실제로 회계감사제도에 갖는 기대와 현행 회계감사의 제도 및 실무 수준이 일치되지 않고 상당한 차이가 존재함을 의미한다.

<표 6-1> 회계감사 제도에 대한 의식실태

우리나라의 현행 외부 감사제도는	①*	②	③	④	⑤
1. 회계감사인이 감사한 우리나라 기업의 재무보고에 대한 현재의 신뢰성은 높다.	11.8**	51.0	27.3	9.3	0.5
2. 회계감사인이 감사하지 않은 재무보고서에 대해서도 높은 신뢰성을 부여한다.	34	49.5	12.4	3.6	0.5
3. 기업이 회계감사인을 지정하는 자유수임제도는 영자 (또는 기업)의 부당한 요구도 수용하도록 하고 있다.	2.6	8.2	28.9	45.9	14.4
4. 회계감사인의 공정성과 신뢰성을 감시, 감독하는 회계 감리제도가 제 기능을 올바르게 수행하고 있다.	11.4	45.9	32.5	9.8	0.5
5. 현재 회계감사인의 부정감사 및 감사품질 저하는 회계 감사인의 불합리한 감사보수체계와 관련이 있다.	6.7	21.1	28.4	34.5	9.3

우리나라의 현행 외부 감사제도는	①*	②	③	④	⑤
6. 외부 이해관계자는 회계감사인이 완전한 외부 감사를 할 것이라고 기대하고 있지만, 현행감사제도와 감사실무가 이에 미치지 못한다.	3	6.7	19.6	55.2	15.5

*: ① 전혀 그렇지 않다　　　② 대체로 그렇지 않다　　　③ 보통이다
　　④ 대체로 그렇다　　　⑤ 매우 그렇다
**: %

2. 회계감사인의 역할 갈등에 대한 인식

회계감사인의 역할에 대한 이해관계자의 의식 분석 결과에서, 우리나라 이해관계자와 감사인 간에는 뚜렷한 기대 차이와 갈등구조를 내포하고 있음을 시사하였다. 예를 들어, 회계감사인의 사회적 역할의 중요성과 그 가치에 대해서는 응답자의 과반수가 인정하고 있다(④와 ⑤의 응답률 68.1%). 그러나 회계감사인이 이러한 역할을 윤리적으로 이행하여 이해관계자의 기대에 부응하고 있는지에 대한 물음(즉, 4번 문항)에는 과반수가 그렇지 않다고 응답하였다(①과 ②의 응답률 58.7%).

이해관계자의 과반수(④와 ⑤의 응답률 76.8%)가 외부 회계감사인은 그들에게 수수료를 지불하는 기업을 위해 회계서비스를 제공하면서 동시에 기업을 감사하고 부정을 적발하도록 요구받기 때문에 역할 갈등 모순이 존재하는 것으로 인식하고 있다.

또한 외부 회계감사인의 중심 역할이 재무제표에 대한 감사의견 표명임에도 불구하고, 이해관계자들은 경영자의 부정 또는 비리 적발에 대한 감사인의 역할에 더 큰 기대를 갖고 있는 것으로 나타나고 있다(④와 ⑤의 응답률 61.9%). 이는 외부 회계감사인과 이해관계자 간의 인식 측면에서 상당한 이해 차이와 갈등을 유발할 여지가 상당히 존재함을 보여 주는 결과이다.

<표 6-2> 외부 회계감사인의 역할에 대한 의식실태

우리나라 외부회계감사인은	①*	②	③	④	⑤
1. 중요한 역할을 담당하고 있다.	3.6**	9.8	18.6	48.5	19.6
2. 회계감사인의 역할 모순이 존재한다.	2.0	5.2	16.0	54.6	22.2
3. 회계감사인의 역할과 이해관계자의 기대 차이가 존재한다.	6.1	8.2	23.7	45.9	16.0
4. 회계감사인의 역할 기대에 대해 부응하고 있다.	9.2	49.5	26.3	13.4	1.5

*: ① 전혀 그렇지 않다 ② 대체로 그렇지 않다 ③ 보통이다   ④ 대체로 그렇다   ⑤ 매우 그렇다
**: %

3. 직업윤리에 대한 인식

공인회계사의 직업윤리에 대한 이해관계자의 인식이 극단적으로 양분되어 있음을 보여 주었다. 즉, 공인회계사가 직업윤리가 높다고 인식하는 그룹과 그렇지 않다는 그룹이 거의 동일하게 나타났다. 이러한 결과는 공인회계사의 전문직업인으로서의 윤리성이 여전히 대중적으로 인정을 받고 있는 한편, 최근의 대규모 회계 부정 및 비리사건과 그에 따른 공인회계사의 신뢰성이 상당히 훼손되어 있음을 보여 준다.

외부 감사인으로서 공인회계사의 독립성에 대한 위상은 이해관계자 측면에서 부정적 시각이 존재함(①과 ②의 응답률 50.5%)을 보여 주었고, 특히 이해관계자들은 공인회계사가 경영자의 사적 압력(예, 회계분식 행위 묵인 등)을 대체로 수용(④와 ⑤의 응답률 63.4%)한다는 부정적 시각을 보여 주었다.

또한 공인회계사의 독립성 제고가 공인회계사의 윤리의식을 높일 수 있는 가장 최선의 제도라는 것을 과반수(④와 ⑤의 응답률 81.4%)가 응답하였고, 최근 회계감사시장의 시장 개방과 그에 따른 경쟁구조가 공인회계사의 윤리에

부정적 영향을 줄 것이라는 시각을 나타내었다(④와 ⑤의 응답률 65.0%).

특히 이해관계자들은 공인회계사의 비윤리적 행위에 대한 해결책으로 강제규정에 의한 통제에 무게를 두고 있고(④와 ⑤의 응답률 61.9%), 더욱이 이러한 강제규정 중 감리제도의 효과성을 강조하였다(④와 ⑤의 응답률 49.5%). 마지막으로 공인회계사의 직업윤리와 관련된 교육의 필요성은 상당수의 이해관계자가 동의한 것으로 나타났다(④와 ⑤의 응답률 77.4%).

〈표 6-3〉 공인회계사의 직업윤리에 대한 의식실태

우리나라 공인회계사의 직업윤리	①[*]	②	③	④	⑤
1. 공인회계사는 직업윤리가 높은 집단이다.	2.6[**]	26.8	33.5	32.0	5.2
2. 회계감사인의 업무 수행이 피감사대상회사와 독립적으로 이루어진다.	5.7	44.8	30.9	17.5	1.0
3. 회계감사인의 경영자 압력을 대체로 수용한다.	0.5	10.3	25.8	55.7	7.7
4. 독립성부여제도로 감사인의 윤리의식 높임	0	4.6	13.9	53.6	27.8
5. 업무수임경쟁이 윤리문제에 영향을 미침	4.6	7.7	22.7	52.1	12.9
6. 회계감사인의 비윤리적행위는 징계 처벌과 같은 강제규정으로 통제하는 것이 효과적	3.1	18.0	17.0	36.6	25.3
7. 회계윤리문제에 감리제도가 효과적이다.	2.6	13.4	34.5	38.7	10.8
8. 회계감사인의 고도의 직업윤리 의식 배양을 위해 자체교육제도가 필요하다.	0.5	5.7	16.5	49.0	28.4

*: ① 전혀 그렇지 않다 ② 대체로 그렇지 않다 ③ 보통이다　④ 대체로 그렇다　⑤ 매우 그렇다
**: %

4. 공적 감리와 자율 감리에 대한 의견

이해관계자들은 회계감사인의 윤리적 문제를 해결하는 제도로 공적 감리제도(정부에 의한 감리)와 감사인에 의한 자율 감리제도에 대해 어떠한 의견을 가지고 있느냐의 질문에서 '공적 감리가 적정하다'는 응답이 5.2%,

'자율 감리가 적정하다'는 응답이 10.9%, '공적 감리와 자율 감리제도가 병행되어야 한다'는 응답이 71.4%, '어느 쪽이나 마찬가지이다'라는 응답이 12.5%로 나타났다. 이러한 결과를 볼 때 대다수의 이해관계자들은 자율 감리와 공적 감리를 병행하는 것이 회계감사인의 윤리적 문제를 해결하는 데 도움이 될 것이라 생각하고 있다는 것을 알 수 있다.

〈표 6-4〉 공적 감리와 자율 감리에 대한 의견

	공적 감리가 적 정	자율 감리가 적 정	공적 감리와 자율 감리를 병행	어느 쪽이나 마찬가지	합 계
빈도(명)	10	21	137	24	192
비율(%)	5.2	10.9	71.4	12.5	100.0

5. 공인회계사 공익광고 허용에 대한 생각

이해관계자들을 대상으로, 외부 감사업무의 질과 사회적 신뢰성 제고라는 관점에서 공인회계사회를 중심으로 한 공익광고의 허용에 대하여 어떻게 생각하느냐는 질문에서 '현재의 직업윤리규정에 따라 광고를 제한해야 한다'는 응답이 18.9%, '현재의 직업윤리규정을 완화하여 광고를 허용해야 한다'는 응답이 44.7%, '광고를 통한 회계감사의 신뢰성 회복은 기대할 수 없다'는 응답은 36.3%로 나타났다. 이와 같은 결과를 볼 때 일반인들은 공인회계사회를 중심으로 한 공익광고를 긍정적(44.7%)이기보다는 부정적(55.2%)으로 생각하고 있다는 것을 알 수 있다.

〈표 6-5〉 공인회계사 공익광고 허용에 대한 생각

	광고제한	광고 허용	광고를 통한 신뢰성 회복 기대 못함	합 계
빈도(명)	36	85	69	190
비율(%)	18.9	44.7	36.3	100.0

6. 경영자 부정행위에 대한 감사인의 책임을 윤리규정에 포함하는가의 여부

이해관계자를 대상으로, 감사제도의 사회적 신뢰성 제고라는 관점에서 경영자의 부정행위에 대한 감사인의 책임을 윤리규정으로 포함할 필요가 있다고 생각하느냐는 질문에서 '꼭 필요하다'는 응답이 59.7%, '특별히 필요한 것이 아니다'는 응답이 11%, '강제규정보다는 윤리의식차원에서 필요하다'는 응답이 29.3%로 나타났다. 이와 같은 결과를 볼 때 과반수의 이해관계자들은 경영자의 부정행위에 대한 감사인의 책임을 윤리규정에 포함해야 한다고 생각하고 있다는 것을 알 수 있다.

〈표 6-6〉 경영자 부정행위에 대한 감사인의 책임을 윤리규정에 포함하는가의 여부

	꼭 필요하다	특별히 필요한 것은 아니다	강제규정보다는 의식차원에서 필요하다	합 계
빈도(명)	114	21	56	191
비율(%)	59.7	11.0	29.3	100.0

7. 내부고발제도 도입여부

이해관계자들을 대상으로, 회계윤리와 관련하여 내부고발제도와 같은 내부 인에 의한 윤리문제 고발과 그에 대한 보호프로그램의 도입이 필요하다고 생각하느냐는 질문에서 '필요하다'는 응답이 80%, '필요하지 않다'는 응답이 3.6%, '필요하지만 시기상조이다'라는 응답이 16.1%로 나타났다. 이와 같은 결과를 볼 때 대다수(96.1%)의 이해관계자들은 내부고발제도의 도입과 내부고발자 보호 프로그램의 도입을 필요하다고 생각하고 있으며, 이 중 일부(16.1%)가 아직까지 시기상조라고 생각하고 있는 것을 알 수 있다.

〈표 6-7〉 내부고발제도 도입여부

	필요하다	필요하지 않다	필요하지만 시기상조다	합　계
빈도(명)	154	7	31	192
비율(%)	80.2	3.6	16.1	100.0

The Lord Works From The Inside Out,
The World Works From The Outside On.

제 1 장
들어가며

━━━━━━━━━━━━━━━━━ 오늘날의 기업의 경쟁환경은 많은 윤리적 문제를 낳고 있다. 따라서 기업의 경영자는 이러한 문제들에 대한 신중한 분석과 판단이 요구되고 있다. 기업윤리와 마찬가지로 회계윤리 또한 그러하다고 할 수 있다. 따라서 윤리적으로 행동하지 않고 경쟁적 우위와 전략적 경쟁력을 확보할 수 있는가라는 문제를 제기할 수 있다.

회계윤리는 법학, 철학, 신학, 사회과학 등의 여러 가지 관점에서 접근하고 다루어질 수 있는 문제들을 포함한다. 때문에 이것들은 실용적 사고의 기반 위에서 특정의 문제의 해결책을 찾아가는 과정이라 할 수 있다. 즉, 회계윤리는 어떤 상황에서 무엇을 해야 하는가 혹은 하지 말아야 하는가에 대한 단순한 도덕적 답을 찾는 것이 아니라는 것이다.

회계윤리의 영역은 대표적으로 공인회계사가 부정확한 재무공시를 허용하는 행위를 들 수 있다. 따라서 법적으로 타당한가라는 문제와는 별도로 그 행위 자체가 사회의 다른 주체에 의해 옳다고 인정될 수 있는가가 가장 주요한 관건이다. 하지만 회계윤리는 그 본질상 서로 대립되는 견해가 나타나고 제기되는 많은 문제들을 다루는 데 있어서 하나의 공통된 접근방법을 찾는 것이 쉽지 않다는 데 그 어려움이 있다.

그러므로 본 연구에서는 이러한 회계윤리적 이슈를 해결하는 방안으로서 가장 기본적인 윤리적 근본으로부터 접근함으로써 회계윤리의식 제고를 위한 방안을 제시해 보고자 한다.

제 2 장
윤리, 기업윤리 그리고 회계윤리

1. 윤리

1.1 인간에게 윤리란 무엇인가?

사람은 혼자서는 살아갈 수 없다. 무인도에 표류하여 어쩔 수 없이 인간 사회와 격리되지 않은 이상 남들과 어울려 살기 마련이다. 하지만 사람도 동물인 이상 살려고 하는 욕구를 벗어날 수 없다. 사람은 사회를 이루어 모여 사는 존재인데, 이러한 인간의 기본적 성향에다가 각자 자기의 삶을 무한히 펴 나아가려고 하는 욕구까지 지니고 있기 때문에 삶의 여러 가지 어려운 문제가 제기되기 마련이다.

하지만 인간은 동물이 가지지 못한 고도의 이성적 능력을 가지고 있다. 이러한 이성은 사물의 옳고 그름을 판단할 수 있는 능력이다. 이와 같이 인간은 다른 동물이 가지지 못한 고귀한 측면을 가지고 있기 때문에 상호 욕구의 충돌로 생겨나는 갈등을 배제하고 질서를 추구하려는 노력을 해 왔다. 그 노력의 결과가 이른바 우리가 '文化'라고 말하는 것이다. 文化란 의미는 '文'(무늬 문)자로서, 무늬는 자연상태에 인위적인 가공을 통하여 이루어진다. 그러므로 문화란 자연에다 인위를 가하여 변화시킨 것이며 그것은 인간의 삶을 보다 질서 있고 풍요로우며 가치 있게 하는 인간의 활동이라 할 수 있다.

이러한 문화적 활동에는 여러 가지 측면이 있으나, 그 근본적인 것 중의 하나로 '倫理'를 들 수 있다. 즉, 윤리란 인간상호 간에 서로 질서를 지키며 살아갈 수 있는 원리인 것이다.

이러한 윤리의 기본적인 의미를 회계의 영역에 가져왔을 때도 또한 같은 의미를 지닌다. 회계는 공인회계사나 기업의 경영자뿐만 아니라 산출된 회계정보를 보고 투자를 하는 주주 및 채권자, 정부, 나아가서 국민 대부분이 직·간접적으로 관계되어 있다. 즉, 회계정보는 준공 공재적 성격을 지니는 자원이라 할 수 있다. 따라서 회계정보를 둘러싼 이해관계자들 간의 기본적인 질서는 무엇보다도 중요하다고 할 수 있으며 이러한 개념에서 회계윤리에 관한 기본적 의미를 이해해 나가는 것이 바람직하다. 회계윤리는 공인회계사만의 윤리의식향상이나 경영자의 회계에 대한 윤리의식향상만으로는 개선될 수 없다. 이들을 포함한 모든 이해관계자들의 상호관계에서 윤리문제를 인식하는 것이 회계윤리를 논함에 있어서의 시작점이 되어야 할 것이다.

1.2 인간에게 있어서의 윤리의 중요성

어느 사회이든 간에 그 사회의 가장 기본이 되는 것은 윤리문제이다. 앞에서 언급한 바와 같이 한 사회를 성립시키고 그 사회의 질서를 유지할 수 있는 것이 바로 윤리이기 때문이다. 윤리가 확립되어 있지 않은 사회 즉, 그 사회의 구성원이 각기 제 욕심에만 휘몰려 있는 사회는 질서가 있을 수 없고 질서가 없는 곳에서는 사회자체가 성립될 수 없다. 따라서 회계윤리문제가 심각한 수준으로 치닫게 되는 경우 회계를 둘러싼 사회 그 자체의 의미를 잃게 된다. 이처럼 윤리문제는 한 사회를 지탱하는 가장 기본적인 요소이고 또한 중요한 요소이다.

孔子와 그의 제자 子貢의 대화를 인용하여 윤리의 중요성을 다시 한번 강조하고자 한다. 옛날 공자의 제자 자공이 공자에게 나라가 성립되려면 필

요한 요건이 무엇인가를 물었다. 이에 대하여 공자가 대답하기를 먹는 것
(食), 군대(兵), 윤리(信)라고 하였다. 자공이 이 세 가지 가운데 부득이하
게 한 가지를 희생시켜야 한다면 무엇을 희생시켜야 하겠느냐고 물었다. 이
에 대하여 공자는 '군대'를 희생시켜야 한다고 하였다. 다시 자공이 '먹는 것'
과 '윤리' 가운데 한 가지를 희생시켜야 한다면 무엇을 희생시켜야 하겠느냐
를 물었다. 이때 공자는 '먹는 것'을 희생시켜야 한다고 말하고 이에 덧붙이
기를 "사람은 언제든 죽기 마련이다. 윤리가 서지 않으면 비록 먹을 것이
있어도 서로 싸우기 때문에 먹을 수가 없다"라고 하였다. 공자의 이 대답은
인간사회에 있어서 윤리가 얼마나 절실한 것인가를 잘 말해 주고 있다.

1.3 윤리적 행위에 대한 판단기준은 절대적인가? 아니면 상대적인가?

　인간의 행동이 옳고 그른지 또는 착한지 악한지를 판단하기 위해서는 어
떤 기준이 필요하다. 이러한 기준을 '규범'이라고 할 수 있는데, 이 규범에
일치하는 행동은 옳은 행동이거나 착한 행동이고 그것에 위배되는 행동은
그릇된 행동이거나 악한 행동이 된다. 따라서 규범은 모든 사람들이 그것이
반드시 준수할 것을 요구하는 명령, 지시, 금지 등의 구속적 성격을 지니는
것이 특징이다.
　이러한 규범이 실천되는 동기나 배경으로는 질서의 혼란으로 인해 발생하
는 갈등을 해소하려는 욕구가 작용하고 있다. 예를 들면, 전쟁에서 죽음을
무릅쓰고 용감히 싸우는 군인이 있는 반면 적의 공격이 두려워서 도망가는
군인도 있다면 이런 경우 이 군인들로 구성된 부대는 전쟁에서 큰 혼란에
빠지고 대원들의 행동은 서로 갈등을 일으켜 패배하고 말 것이다. 이런 갈
등을 해소하고 패배를 방지하며 승리를 쟁취하기 위해서는 "전쟁에서는 용

감하라"라는 규범이 설정된다.

제정된 규범을 각 개인은 사회화의 과정을 통해 습득하게 된다. 이를 위해서는 가정, 학교, 사회 교육의 역할이 중요할 뿐만 아니라 규범을 준수할 때의 칭찬과 그것을 어겼을 때의 비난이나 제재는 학습의 효과를 한층 더 높여 준다. 이러한 규범의 학습을 통하여 개인은 자신이 속하고 있는 사회에 적용되는 가치관을 형성하게 된다. 이에 대해, 즉, 각 개인이 사회화의 과정을 통해 습득한 규범이 절대적인 타당성을 갖는지, 상대적인 타당성을 갖는지는 논쟁의 대상이 되고 있다.

절대주의적 윤리설에 의하면, 도덕적 가치와 규범은 개인의 주관이나 행위의 상황, 시간과 장소의 변화를 초월하여 영원불변으로 보편타당성을 지닌다. 상대주의적 윤리설에서는 도덕적 가치와 규범의 영원불변한 보편타당성을 부정하고 도덕적 가치와 규범은 그것을 평가하고 적용하는 주관적 태도와 행위의 상황, 시대의 변천과 지역의 차이에 따라 언제든지 변화한다고 주장한다. 여러 가지 사회적 현상을 살펴보았을 때, 도덕적 가치와 규범들 중 영원불변의 보편타당성을 지니는 것은 하나도 없고, 시대와 상황, 지역과 개인에 따라 언제든지 변하게 마련인 것 같다. 하지만 두 가지의 주장 모두 문제점들을 지니고 있다.

결론적으로, 상대주의 윤리설도 절대주의 윤리설도 모든 사람들이 납득할 만한 도덕적 규범을 제시하지 못하고 있다. 그렇다면 윤리를 추구하는 것은 불가능한 것인가?

그렇지 않다. 사람은 누구나 목적을 추구하면서 살게 마련이며 각자 자기 나름대로의 목적체계와 가치의 서열을 갖고 있다. 이 때문에 인간은 반드시 어떤 규범의 체계를 가질 수밖에 없다. 그러므로 어떤 규범의 체계를 선택할 것인가에 대한 자유는 있을지 모르나 어떠한 규범의 체계도 받아들이지 않을 자유까지는 보장될 수 없으며, 우리가 주체적으로 선택한 어떠한 규범의 체계는 최소한 우리 자신에 대해서만은 일종의 절대성을 갖게 된다. 그러나 우리가 여기에서 각별히 유의하고 깊이 경계해야 할 한 가지 사실을 지적하지 않을 수 없다. 즉, 우리가 어떤 도덕적 규범을 선택하고 설정할 때 어떠한 규범이 정당하고 어떠한 규범은 부당한가를 올바로 판단하는 것이다.

위에서 어떤 행위에 대한 판단기준으로 '규범'을 들었다. 회계윤리의 판단기준의 대표적인 것으로는 '공인회계사 직업윤리규정'이 있다. 이 규정의 제1장 제2조(윤리강령)를 보면 다음과 같이 적혀 있다. "회원은 다음의 윤리강령을 공인회계사의 기본윤리관으로 삼아 이를 견지하여 직무를 행하여야 한다-독립(성), 정직(성), 성실(성)" 이러한 규범을 어느 정도 준수해야 하느냐의 문제가 바로 윤리의 절대성과 상대성의 문제이다. 복잡한 현대사회에서 규정되어 있는 규범을 과연 어느 수준까지 준수하는 것을 윤리적이라고 판단해야 할 것인지는 윤리적 행위에 대한 판단문제에 있어서 가장 핵심이라 할 수 있다.

1.4 회계에 적합한 윤리적 체계는 무엇인가?

윤리적 행위에 대한 판단기준에 대한 논의에 이어서 이와 연결된 논점으로 윤리체계를 들 수 있다.

전통적으로 윤리학에서 두 가지 유형의 윤리체계가 서로 선명하게 대립하는 입장을 보여 왔다. 하나는 목적론적 윤리체계이고 다른 하나는 의무론적 윤리체계이다. 목적론적 윤리체계는 어떤 행위가 좋은 결과를 산출한다면 그것은 도덕적으로 옳거나 의무적이라고 주장한다. 예컨대, 누군가에게 선행을 베푸는 것이 좋은 결과를 가져왔을 때, 그 행위는 도덕적으로 옳다고 여겨진다. 그뿐만 아니라, 상황에 따라서 거짓을 말하는 것이 좋은 결과를 가져올 때, 그 거짓 행위도 도덕적으로 옳다고 승인된다. 여기서 도덕의 궁극적 기준은 선행을 베풀거나 거짓을 말하는 행위 자체에 있는 것이 아니라 그 행위가 초래한 결과에 있다. 즉 '본래적 가치'가 행위자체가 아니라 행위의 결과에 두는 셈이다.

공리주의는 목적론적 윤리체계의 대표적 견해다. 그것은 유용성의 원리에 기반하고 있다. 어떤 행위가 유용하면 도덕적으로 옳지만, 유용하지 않다면 도덕적으로 그르다. 달리 표현하며, 어떤 행위가 최대 다수에게 최대의 좋음을 가져다주면 옳지만, 나쁨을 가져다주면 그르다. 여기서 유용성 여부를 가리는 기준은 좋은 목적이다.

공리주의는 목적론적 특성을 띠기 때문에 몇 가지 문제를 갖는다. 대표적으로 최대 다수에게 최대의 좋음을 산출한 행위는 모두 옳다고 함으로써, 그 과정에서 일부 개인이나 집단에게 집중적으로 해나 불이익이 초래되는 결과를 초래한다. 달리 말하면, 이익이나 부담이 공정하게 돌아가지 않는 정의의 문제를 초래한다.

가장 일반적인 예로서 공인회계사가 그들의 고객과 짜고 정직하지 못한 회계정보를 공시하는 것이 공인회계사나 기업의 입장에서는 좋음(?)을 가져다주는 행위라고 해서 윤리적으로 옳다고는 할 수 없다. 그 정보를 사용하는 투자자에게 피해를 주게 되며 크게는 사회 전체의 신용을 하락시킬 수 있기 때문에 이러한 행위를 윤리적이라고 보아서는 안 된다. 다시 말하면, 비록 그러한 행위가 법적으로는 아무런 문제가 없다 하더라도 윤리적 입장에서는 판단을 달리할 필요가 있다는 것이다.

목적론적 윤리체계는 어떤 행위가 좋은 결과를 초래하면 그것을 옳다고 함으로써 행위와 무관한 결과에 본래적 가치를 두는 반면, 의무론적 윤리체계는 행위의 결과와 무관하게 행위 자체에 본래적 가치를 둔다. 따라서 진실을 말하고 약속을 지키는 것이 설혹 본의가 아닌 해를 초래할 수 있다고 해도 그 행위 자체에 도덕적 옳음이나 그름의 특성이 있다고 한다.

하지만 의무론에도 심각한 문제가 있는데, 절대적으로 준수하라는 도덕 규칙을 결코 지켜서는 안 될 상황이 발생하기 때문이다. 예컨대, '약속을 지켜야 한다'는 규칙과 '곤경에 처한 사람을 돕는 것이 옳다'는 도덕 규칙이 충돌하는 상황에서, 우리는 때에 따라 전자의 규칙을 어기더라도 후자를 수행하는 것이 옳은 경우가 발생하기 때문이다. 복수의 의무 규칙이 서로 충돌을 빚는 상황에서 어느 하나를 선택하고 다른 하나를 유보할 때, 선명한 선택 기준을 제시하지 않고 직관에 호소함으로써 여전히 문제를 남겨 두고 있다. 회계업무 또한 다양한 문제들이 복잡하게 얽혀 있고 모든 세부사항들에 대한 확고하고 구체적인 기준을 제시할 수 없기 때문에 의무론을 강하게 주장하기에는 억지가 있다.

윤리적 판단기준에서의 논점과 마찬가지로 윤리체계 측면에서도 한 가지 입장을 주장하기에는 무리가 있는 듯하다. 특히, 회계는 사회과학이며 응용학문 분야이다. 따라서 목적론과 의무론을 절충한 윤리체계를 가지는 것이 가장 바람직한 것으로 여겨진다.

2. 기업윤리

기업윤리의 측면은 사회적 책임문제를 중심으로 생각해 볼 수 있다.

기업윤리는 일반 윤리의 한 분야이며 기업도 사회의 한 부분인 이상 사회적 정의를 저버리는 형태로 경영이 이루어져서는 안 된다. 다시 말하면, 비록 기업이 이익을 추구하는 집단이라고 할지라도 기업은 사회적 책임을 져야 한다는 것이다.

오늘날 경제활동 영역이 고려해야 할 부분은 경제적 가치를 극대화하는 것 못지않게 인간적 삶의 가치를 구현하는 문제이다. 단순히 경제적 차원의 모순을 해결한다고 해서 삶의 모든 모순을 해결하는 것은 아니라는 것이다.

우리는 누구나 기업의 영향으로부터 벗어날 수 없을 만큼 기업으로부터 영향을 받고 있다. 심지어는 학교나 정부조차도 기업의 눈치를 보아야 하는 상황에 도달했다고 볼 수 있다. 이렇듯 강력한 힘을 가진 기업이 사회적 책임을 떠맡아야 하는가라는 문제가 기업윤리의 가장 큰 요소이다. 여기에는 대체로 3가지 정도의 입장으로 구분된다. 첫째는 기업은 이윤 추구가 우선이라는 입장이다. 둘째는 기업이 사회적 책임을 고려할 수는 있어도 그것이 의무사항이 될 수는 없다는 입장으로, 이는 권리론적 입장이다. 즉 기업에 대해 최소한의 법적 책임에만 강한 의무를 부여하지 양심에까지 의무를 부여하는 것은 원치 않는다. 이는 소외된 약자를 적극적으로 고려하지 않는다는 문제가 있다.

그래서 세 번째의 입장이 등장하게 되는데, 이는 기업은 반드시 사회적 책임을 져야 한다는 입장이다. 이는 기업의 존립을 어렵게 할 수도 있을 것 같지만, 사회적 영향까지 기업활동에 반영함으로써 기업은 기업 자체의 이미지를 개선시킬 수 있고, 무엇보다도 중요한 경쟁원천이 될 수 있다. 하지만 세 번째의 입장이 부담스러운 것은 사실이다. 그래서 두 번째와 세 번째의 입장을 절충시킬 수 있는 것을 찾아야 하는데 바람직한 방향은 세 번째를 축으로 하고 두 번째 입장을 보조수단으로 하는 방향이어야 할 것이다. 즉, 옳음을 기준으로 좋음을 판단해야지 좋음을 기준으로 옳음을 판단해서는 안 될 것이다.

3. 회계윤리

회계란 기업의 재무적인 수입과 지출을 기록하고, 거기에 수반하는 기업의 수익, 비용관계를 명확히 기록하고 정리하는 과정이다.

이러한 기업의 재무적 정보에 의해 영향을 받고, 이에 관심을 가지고 있는 사람을 기업주나 기업의 경영진뿐만 아니라 종업원, 주주, 증권시장, 정부, 대중 등 많은 집단의 이해관계자들 또한 큰 관심을 가지고 있다.

따라서 기업의 회계처리나 재무제표에 부정이 있다거나 비윤리적 내용이 있다면 이들 기업의 이해관계자의 불신을 초래하여 기업의 영업활동이 지장을 받을 뿐만 아니라, 이러한 불신이 확대되면 자유경쟁체제 자체가 영향을 받게 된다. 그러므로 회계정보가 합법적일 뿐만 아니라 윤리적으로 작성되기를 바란다. 기업의 신용을 유지하고 향상시키기 위해서는 합법성만으로는 부족하며 법을 넘어서는 윤리적인 견지에서도 수긍이 갈 수 있어야 한다.

　따라서 사회적 신용이 가장 중요한 자산인 오늘날의 기업에서 사회적 신용평가의 기준이 되는 회계활동이 윤리적이어야 하며, 윤리수준의 향상은 장기적인 관점에서 기업의 발전 및 성장에 도움이 될 수 있다. 따라서 회계윤리의식 제고를 위한 노력은 기업에 대한 사회의 신용을 유지하고 제고시키며, 자유시장체제의 질서를 유지하는 데 도움이 된다고 할 수 있다.

4. 윤리들 간의 상호관계

　일반적으로 기업윤리는 앞에서 본 바와 같이 기업의 경영자가 사회적 책임에 대해 얼마만큼 인식을 하고 있는가에 달려 있다고 할 수 있다. 하지만 현대사회는 다원화되고 복잡화됨에 따라 기업을 둘러싼 기업환경도 매우 복잡해져 가는데, 이제 기업은 기업 자체의 필요성보다는 외부 환경의 요구와 가치의 변화에 따라 기업을 경영해야 하는 시대가 도래했다고 볼 수 있다. 최근의 여러 기업들의 상황을 보면, 비윤리적 경영을 한 기업의 성과가 윤리적 경영을 행한 기업의 성과보다 더 높게 나타나고 있는 것으로 나타나고 있다. 즉, 기업윤리는 경영자가 좁게는 자신의 종업원들에 대한 것이고, 크게는 사회 전체에 대해서 윤리의 중요성을 인식하고 행동해야 그 기업의 경영은 윤리적으로 바뀔 수 있다. 즉 기업윤리에 관한 행동을 외부 환경과 관련한 전략적 개념으로 이해할 필요가 있다는 것이다.

그렇다면 회계윤리는 어떠한가? 회계정보는 공익성을 지닌 준공 공재적 성격을 가지고 있다. 따라서 이들 정보에 대한 가깝게는 경영자, 주주, 채권자 크게는 그 정보를 인식하는 제3자 모두에게 신뢰를 주는 정보를 제공하는 것이 윤리적인 회계이다. 회계정보가 윤리적이라는 의미는 회계정보를 둘러싼 모든 이해관계자들이 산출된 회계정보에 대해서 동의를 하는 것이다.

앞에서 우리는 윤리를 사람들이 별다른 자각 없이 생활의 일부로서 받아들인 관습과 관행을 공동생활에 편리하도록 보편적인 행동의 원리로서 규정될 때 이것이 윤리가 된다고 하였다. 마찬가지로, 회계는 산출된 회계정보가 대중으로부터 동의를 얻는 과정에서 보편적으로 이해되는 것으로 인식될 때 윤리적이라 할 수 있고, 회계의 주체자들은 회계정보가 윤리적일 수 있도록 하기 위한 노력을 해야 하는 것이다.

회계가 윤리적으로 행해지면 회계수치에 직접적인 이해관계가 존재하는 기업 또한 기업 경영을 윤리적으로 행하기 위한 밑거름으로 삼을 수 있으며, 간접적으로 이 정보가 사회 구성원의 신뢰를 얻어서 기업이 사회적 책임을 수행할 수 있도록 도울 수 있다.

즉, 회계윤리는 기업의 경영이 현대사회의 중심으로 대두한 현대사회에서는 윤리를 바로 세우기 위한 가장 기초가 되는 요소라고 정의 내릴 수 있다.

이들 세 윤리 간의 관계를 요약하면 다음 〈그림 1〉, 〈그림 2〉와 같다.

〈그림 1〉 윤리들간의 상호관계

〈그림 2〉 회계윤리와 기업윤리와의 관계

제 3 장
동양윤리사상을 통해 바라본 회계윤리

1. 우리만의 윤리사상이 존재하는가?

앞에서 설명한 바와 같이 윤리는 인간사회의 여러 가지 문화적 활동 중에서 가장 근본적인 것이다. 하지만 문화는 지역이나 국가마다 다르게 나타나고 있으며 그에 따라 윤리적 기준 또한 상이할 수 있다. 따라서 우리나라의 회계윤리의식 제고를 위한 논의에서 우리나라 또는 동양문화의 특수성을 살펴봄으로써 보다 의미 있는 윤리의식 제고방안제시에 도움을 줄 수 있으리라고 본다.

한국인들은 남과 다른 각각의 개별자로 보지 않고 연결된 하나의 존재로 여기는 정서를 가지고 있다. 남과 내가 연결된 하나의 존재라면 남과 다른 더이상 구별된 타인이 아니라 '우리'로 전환된다. 남과 나를 '우리'라고 표현하면 이 정서는 한국인만이 가지고 있는 고유의 정서라 할 수 있다.

모든 사물이 대립적이고 모순적인 양면을 동시에 가지고 있는 것처럼, '우리주의' 역시 부정적인 일면으로 '의타주의'적 성격을 내포하고 있다. 남과 자신을 하나로 생각하는 정서가 '나의 것이 너의 것'이라는 논리로 나아가면 인도주의 정신으로 발전하지만 그 반대의 방향으로 나아가면 '너의 것이 나의 것'이라는 논리로 발전한다. 그리하여 힘 있고 재력 있는 사람에게 의지하여 이득을 보려고 하는 의타주의로 나타난다. 의타주의가 강해지면, 자신의 일을 적극적으로 하지 못하고 늘 남에게 의지하게 되어 주체성이 약해지고 책임감이 없어진다.

'우리주의'의 또 다른 부정적 일면의 폐단은 '자기중심주의'이다. 남과 다른 자신을 하나로 보는 정서는 남을 중심으로 상황을 생각할 수도 있지만 반대로 자신을 중심으로 남을 생각할 수도 있다. 자기중심적 사고에 빠지게 되면 남의 입장에 대한 배려를 하지 못하는 경우가 많다.

또한, 남과 나를 하나로 보는 '우리주의'가 저급하게 나아가면 남과 내가 하나가 되어야 한다는 '하나주의'로 발전할 수 있다. 한 조직의 내부구조가, 조직원들의 개성을 존중하고 다양성을 인정해 주면, 각기 자신의 의견을 자유롭고 활발하게 개진하면서 전체적인 기풍이 진작 되어 있다면 발전 가능성이 있는 조직으로 발전할 수 있지만, 모든 것이 일사불란하게 획일적으로 움직이고, 각 구성원들이 자유롭게 자기 의사를 표현하지 못하면서 주의를 살피고 있다면 쇠퇴의 방향으로 들어선 조직이라 볼 수 있다.

아무튼 우리만의 고유한 정서의 장점을 강조하여 우리의 사상을 발전시켜 나갈 필요가 있다. 따라서 다음 절에서는 우리 정서의 대표적인 윤리사상인 인(仁)사상을 중심으로 본격적으로 회계윤리의식 제고방안을 제시해 보고자 한다.

유교의 핵심사상인 인(仁)은 조선시대에 와서 한국인의 마음속에 자리잡은 윤리체계라기보다, 한국인의 근본적 성질에 나타난 정신적 특성이다. 이는 오래전부터 중국인들이 우리나라를 가리켜 '군자국(君子國)'이라 불렀고, 삼국유사(三國遺事)에 실린 향가에도 군자란 말이 나오는 것으로 보아, 한국에서의 인(仁)사상은 조선시대 이후에 생긴 새로운 가치체계가 아니라 본래부터 지니고 있는 본성에 의해 인식되어 온 사상이다.

한국인들은 근본적으로 남을 헐뜯기 좋아하고 공중도덕을 잘 지키지 못하는 민족이라는 그릇된 인식이 이야기되곤 하는데 이러한 현상이 실제로 일어난 이유는 일제 식민통치시대와 6·25 동족상잔의 불행을 겪어오면서 도덕체계가 붕괴되면서 일어난 일시적인 상태에서 야기된 것일 뿐 한국인의 본성이 그런 것은 아니다. 따라서 현실에서 일어나는 대립과 갈등은 한국인

의 본성자체를 거스르는 행동으로 한국인의 본성을 찾아가는 것이 윤리문제
를 논하는 데 있어서 가장 중요하다 할 수 있다.

2. 인(仁)으로도 가능한 것인가?

　서양의 합리적 사상은 근대 이후에 과학과 산업의 힘으로 전세계를 지배
하면서 우리나라에도 자연스럽게 받아들여졌다. 오늘날 우리나라에서는 이
러한 서구의 합리적 사상의 정착을 최대의 지상 과제로 여기고 있을지도 모
른다. 하지만 서구의 사상은 물질적 가치를 중시하는 정서에서 창출된 것이
다. 이러한 정서는 한국인의 정서에서 잘 부합되지 않는 문제점이 있다. 우
리가 서양의 정서를 무비판적으로 받아들이는 경우, 그 본의를 제대로 소화
하지 못한 상태에서 문제점을 그대로 물려받을 수밖에 없다.
　앞 절에서 살펴본 바와 같이 한국인은 그 고유한 특성을 지니고 있고, 따
라서 윤리의식 제고를 위한 방안도 우리나라의 고유한 사상을 반영할 수 있
어야 그 효과를 기대할 수 있다. 막스베브는 아시아 유교지역의 자본주의를
일컬어 천민자본주의라 하였다. 이것은 아마도 학연, 지연, 혈연 등에 바탕
을 둔 비합리적 경영방식이 주도하는 상황을 두고 하는 말일 것이다. 이런
측면이 우리나라의 사회에서 완전히 없는 것은 아니다. 사실, 우리 사회는
가족자본주의 형태를 띠면서 기업이 족벌체제를 형성하고 있는 면이 매우
강하며, 합리적으로 노동하여 정상적인 방법으로 부를 축적하기보다는 투기
나 사기 등의 불합리한 방법을 통하여 한탕 하려고 하는 경향이 강한 사회
이다. 이런 면을 보통 유교자본주의와 관련이 있다고 파악하고 있는데, 이
것은 잘못된 오해라는 것이다.
　유교자본주의는 혈연적, 봉건적 관계를 토대로 한 경영방식을 취하는 것

이 아니라, 가치 지향적 금욕주의가 기업가 정신에 내재되어 있는 방식이다. 그러므로 우리 사회의 천민자본주의의 형태로서의 가족자본주의는 유교자본주의의 본래적 정신인 인(仁)에 바탕을 둔 가족 사랑의 정신을 살려내지 못한 데 있다.

유교는 우리 민족의 삶에 지배적인 영향력을 행사하고 있는 사상으로 우리의 윤리의식의 기초를 형성하고 유교의 윤리사상은 물질주의와 이기주의가 팽배한 시대에 바람직한 가치관을 촉구하는 사상이다. 바로 이러한 유교의 대표적인 덕목이 인(仁)인 것이다.

그러면 회계윤리에 왜 인(仁)이 필요한가? 첫째, 동양사상 중에서 가장 실천 지향적인 윤리사상이 바로 인(仁)이다. 따라서 사회과학에 동양윤리사상을 적용하기 위해서는 유교를 바탕으로 한 윤리사상이 가장 적합하다고 할 수 있다. 특히 인(仁)은 내면적인 도덕성의 강조를 의미한다. 이는 사회규범과 사회제도(禮)가 정당화되기 위해서는 내면적인 도덕성인 인(仁)을 기반으로 실천될 때에만 정당하다고 본다. 둘째, 앞에서도 거듭 강조한 바와 같이, 회계정보는 사적(私的) 정보가 아닌 준공 공재적 성격을 지닌 자원이다. 따라서 회계윤리는 개인이나 개별 집단의 이익을 위한 것이 아니라 사회 전체의 이익을 찾는 사상적 기초가 필요한데 이것이 바로 인(仁)의 정신이다. 인(仁)의 정신은 私에 얽매이지 않고 公을 높이 사는 정신이기 때문이다. 따라서 이러한 정신을 살려 회계업무를 행하는 사람이 독립적이고 주체적으로 그리고 성실성과 정직성을 바탕으로 일을 할 수 있는 근거를 줄 수 있다.

모든 인간의 본성이 자신의 이익을 먼저 생각하기 마련인데 회계에서는 왜 私를 버리고 公을 높이 사야 하는가? 이 문제에 대한 해답은 아래와 같은 이유에서 그 답이 명확해진다.

회계와 관련된 대표적인 사람은 공인회계사이다. 이들은 전문가로서 사회적 지위를 부여받는다. 그리고 기업의 회계담당자도 또한 기업의 존립을 직접 관리하고 있다고 할 수 있으며 이들을 통해 산출된 회계정보는 경제전체에 영향을 주고받는 주식가격에 반영되어 사회 전체의 발전을 이끈다. 바로 회계는 한 사회의 최상층의 한 부분을 구성하고 있는 엘리트적 사회의 성격을 지니고 있다고 할 수 있다. 사회에는 나름대로의 지위체계가 존재하고 있고 윤리적 행위에 대한 의무감도 이러한 지위에 따라 다르게 부여되는 것이 일반적이다. 보다 발전 지향적인 사회가 되기 위해서는 이러한 높은 지위에 속해 있는 사회 구성원의 윤리적 행위에 대한 의무감이 더 강하게 부여되어야 한다. 이 사람들의 도덕성이 그 사회의 기본이 되고 토대가 되기 때문이다. 우리는 정치인들의 조그마한 잘못에도 쉽게 흥분하지 않는가? 다시 말하면 윗물이 맑아야 아랫물이 맑다는 의미이다. 위가 맑아도 아래가 부정한 경우도 많이 존재하기도 하지만 그들의 행동이 어떤 기준을 제시할 수 있다는 것이다.

특히 전문직의 윤리의식의 경우 대부분 자율 규제(공인회계사 직업윤리규정)에 의해 이루어지게 되는데, 이는 그들의 전문적 지식을 개인의 영리를 위해서라기보다는 사회 전체를 위해서 행사할 것이라는 전제에 근거해서 부여된다고 할 수 있다. 따라서 이들에게 특히 높은 수준의 윤리의식을 요구하는 것이다.

덧붙여 이러한 내용이 유교사상에도 있는데, 유교에서는 사람을 대인(大人)과 소인(小人)으로 구별하여 그 구분기준을 대인은 公을 위해 행하는 사람이고 소인은 私를 위해 행하는 사람이라고 했다. 회계와 관련된 사람들이 자신이 스스로 사회적으로 얼마나 중요한 위치에 있는지를 인식한다면 公을 찾는 대인이 되어야 함은 자명하다.

앞에서 우리는 회계윤리, 기업윤리, 일반 윤리의 관계를 살펴보았다. 일반 윤리와 직접적으로 관련이 있는 것은 사회적 책임을 강조하는 기업윤리이지만, 그러한 기업윤리를 세우는 것은 회계윤리이다. 기업의 이윤 추구는 회계수치와 직접적으로 관련이 있고 타율적인 직업윤리규정 등에 의한 윤리보다 자율적인 윤리의 틀을 제시하는 것이 중요하다. 회계업무에 있어서 부실감사와 관련한 위법사항이나 공인회계사의 직업윤리규정에 관한 문제는 제도적인 보완이나 교육적인 제도 개선을 통해 강화될 수 있다. 하지만 법이나 제도상의 위법행위의 범위를 넘어서는 행동에 관한 판단기준은 이러한 이론윤리를 기준으로 모든 사람들이 공정하고 정당하다고 여겨지는 행위가 구별되어야만 한다.

제도적 측면이나 교육적 측면에 대한 구체적인 논의를 시작하기 전에 이러한 이론윤리에 대한 명확한 인식이 있어야 제도를 정비하거나 교육을 행할 때 형식주의에서 탈피할 수 있고 이러한 구체적 노력에 대한 긍정적 결과를 기대할 수가 있는 것이다.

결론적으로, 인의 정신을 바탕으로 해서 전문적인 능력을 발휘하는 것이 중요하다는 것이다.

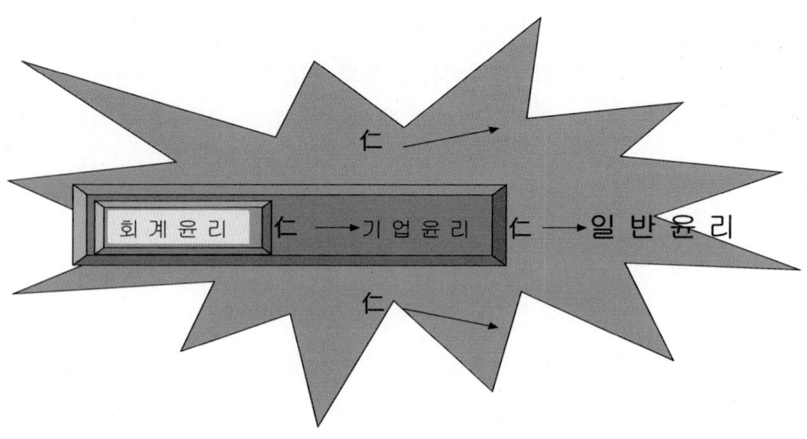

〈그림 3〉 윤리체계의 새로운 패러다임

20세기 이후에 실천윤리학이 각광을 받고 있다. 이는 윤리적으로 해결해야 할 문제들이 이러한 문제들을 해결할 원리와 기준이 정립되기도 전에 너무 많이 생겨나서 윤리적 영역을 흔들고 있다. 이러한 측면에서 윤리적 과제를 해결하는 방안으로 우선적으로 기준의 정립이 무엇보다도 중요하며, 이러한 기준이 정립된 후에 지식과 기술들을 발달시켜 나가야 한다. 왜냐하면 지식과 기술이 윤리를 앞서간다면 많은 새로운 문제들을 야기할 것이기 때문이다. 따라서 본 연구에서는 다른 무엇보다도 내면적 도덕성으로서의 인(仁)을 강조하였다.

3. 인(仁)과 회계의 만남

이번 절에서는 인(仁)을 회계에 접목시키기 위한 보다 구체적인 방안을 특히, 회계정보를 공시하는 책임이 있는 경영자와, 회계전문가인 공인회계사의 입장에서 제시해 보고자 한다. 그리고 인(仁)은 무엇보다도 공(公)을 높이 사는 정신임을 다시 한 번 강조한다.

먼저, 경영자의 측면에서는 전문경영인의 적극적인 양성이다. 일반 투자자들은 기업에서 공시하는 회계정보를 근거로 자신의 투자의사결정을 하게 된다. 이때 투자자가 보다 신뢰성 있는 정보를 얻기 위한 방법으로 경영자가 자발적으로 정보를 공시하는 방법과 투자자가 개별적인 노력으로 정보를 얻는 방법이 있다. 이 두 가지 방법 중에서 경영자가 자발적으로 정보를 공시하는 것이 사회 전체의 비용 측면에서 비용이 적게 드는 것은 당연하다.

이러한 자발적 공시를 위해서 경영자의 용기가 필요한데, 이러한 용기는 자발적 공시를 통해 자신이 입게 될 피해에 대한 두려움을 이기기 위한 용기를 의미한다. 우리는 소유경영자보다 전문경영인에게 보다 많은 용기를 기대할 수 있다. 왜냐하면 전문경영인이 기업이 발생시킨 부(富)에 대한 직접적인 이해관계가 적기 때문이다. 따라서 전문경영인으로 하여금 스스로의 경영철학과 윤리의식을 가지고 자신의 전문적 기량의 발휘가 사회 전체에 영향을 끼친다는 것을 인식하게 하여 스스로를 소유경영자로부터 독립시키고 경영을 보다 공익(자발적이고 신뢰성 있는 정보공시)을 위해 행할 수 있도록 유도하는 것이다.

 다음은 공인회계사의 비윤리적인 업무행위에 대한 판단을 위해서 공인회계사, 회계학 교수, 그리고 회계에 지식을 가지고 있는 이해관계자 구성된 배심원제도의 도입이다. 이러한 제도의 도입은 비윤리적인 전문가의 행위에 대한 사회 전체의 의견을 수렴하기 위한 방법이다. 현재는 공인회계사에 대한 징계가 자체적으로 이루어지기 때문에 그 결과에 대한 대중의 호응을 얻는 것이 쉽지 않다. 따라서 법적인 문제는 법원의 판단에 맡기고 법전의 범위를 넘어서는 상황에서 보다 개방적으로 윤리적 문제를 다룸으로써, 문제 해결에 상당한 도움을 주고 공인회계사에 대한 공공의 신뢰 회복에도 많은 도움이 될 것으로 여겨진다.

〈그림 4〉 인과 회계의 만남

제 4 장
마치며

본 연구에서는 회계윤리의식 제고를 위한 방안으로 이론윤리 측면에서 인(仁)사상을 강조하였다.

한국인의 장점은 무엇보다도 인(仁)의 정신이다. 인(仁)은 남과 하나되는 마음이며 사(私)를 버리고 공(公)을 찾는 것이다. 곧 사회 전체의 선을 찾는 것이다.

우리나라의 회계에서 그 기량을 최대로 발휘하기 위해서는 인의 정신을 발휘할 수 있는 기풍을 조성하는 것이다. 따라서 윤리의식 제고를 위한 방안으로서 합리성만을 맹목적으로 추종한다면 주체성을 잃고 그것이 문제가 발생했을 때 근본적인 문제는 다시 해결하지 못하는 오류를 반복하게 될 것이다.

앞에서도 언급한 바와 같이, 회계에서 인(仁)사상의 부여는 회계뿐만 아니라 사회 전체에서 인(仁)사상을 부여하며 사회 전체는 윤리적으로 바람직한 사회를 이끌 수 있는 밑거름이 될 수 있다는 것을 회계와 관련된 모든 사람들이 인식하는 것이 무엇보다도 중요하다는 것을 명심해야 할 것이다.

제IV부 │ 회계윤리교육의 개선방향

심학(心學)

제 1 장
들어가며

─────────────────────── 미국을 비롯한 일본 등 선진국의 경우, 기업이나 사회가 경쟁력을 확보하기 위해서는 전문적인 지식뿐만 아니라 일반소양이 필요하다는 것을 강조하고 있다. 이러한 시대의 흐름에 맞추어 회계학교육에 있어서도 많은 변화가 있었으며, 변화의 핵심은 기술적 교육으로부터 폭넓은 교육으로의 변화였다. 이들은 단기적인 시각에서 보다는 장기적인 시각을 가지고 조급한 전문화된 회계교육보다 폭넓은 일반회계교육으로 개인의 재능과 기술을 개발하려 하고 있다. 또한 이와 관련하여 대학을 졸업하면서 전문회계인으로서의 교육이 완성되지는 않는다는 것을 고려하여, 대학교육을 통해 계속교육과 평생교육을 위한 기초를 형성할 것을 강조하고 있다(정건영, 1996; 권선국, 1996).

특히, 미국은 회계에 있어 윤리교육에 관하여 많은 연구를 하였으며, 이를 토대로 윤리교육에 관한 교육모델을 제시하였으며, 실제로 많은 대학이 이러한 연구결과를 토대로 윤리교육을 시행하고 있다.

우리나라의 경우도 최근의 여러 가지 사건들을 계기로 일반소양, 특히 윤리의식의 중요성이 대두되었다. 많은 조사결과들에서 윤리의식이 기업 경쟁의 확보를 위해서 뿐만 아니라 전문가로서의 자질이라는 측면에서도 중요한 것으로 조사되어, 윤리의식을 확보하기 위한 윤리교육에 많은 관심을 가지게 되었다. 그러나 이러한 인식의 변화에도 불구하고 대학의 회계학교육에 있어서 윤리교육은 여러 가지 요인에 의해 거의 이루어지지 않고 있는 실정이다. 뿐만 아니라 회계윤리교육에 관한 연구도 거의 전무한 상황이라 실제로 윤리교육을 하고 싶어도 어떻게 해야 할지를 모르는 상황에 처해 있다. 또한 계속교육과 평생교육의 중요성과 교육방법 및 회계윤리교육의 현실성을 감안한다면 실효성 있는 윤리교육 실시에 대한 지침도 필요할 것으로 보인다.

따라서 이 연구는 첫째, 회계윤리교육에 대한 높은 관심과 필요성에도 불구하고 제대로 시행되지 못했던 원인을 찾아서 이러한 문제점을 해결하기 위한 방안을 마련하고자 하며, 둘째, 국내·외의 회계윤리교육에 대한 연구를 통하여 회계윤리교육에 대한 모델을 제시하여 장래 회계윤리교육모델에 대한 지침을 제공하고자 한다.

회계신뢰와 회계윤리

제 2 장
회계윤리교육부재의 원인과 이의 해결방안

1. 회계윤리교육은 왜 필요한가?

회계윤리교육의 필요성은 회계전문가의 윤리의식을 고취시키기 위해 회계윤리교육이 필요하다는 규범적인 측면과 이를 어떻게 증명할 것인가와 관련된 실증적 측면으로 나누어 생각해 볼 수 있다.

1.1 규범적인 측면

회계윤리교육 필요성의 이론적 근거(rationale)는 "교육과정(educational process)을 통해 도덕심(moral development)이 강화될 수 있다"는 것을 전제(Huss and Pattersson, 1988, 235)로 하고 있다. 즉, 윤리교육은 학생들의 도덕적 깊이(moral depth), 인식의 개발(cognitive development) 그리고 분석적이고 윤리적인 추론능력(reasoning)을 증가시킨다는 것이다(Ponemon and Glaser, 1990). 이것은 더 높은 차원의 사고, 목표추론(objective reasoning), 그리고 윤리적 문제와 딜레마의 탐구(questioning of ethical issues and dilemmas)를 가능케 해 준다(Shenkir, 1990). 회계정보는 공공 재화이기 때문에, 대부분의 회계 관련 의사결정(policy decisions)은 매우 폭넓은 윤리적·사회적 의미(implications)를 가진다.

그러므로 특정 조직의 회계선택과 공시는 해당 조직(organizations)은 물론 사회에 영향을 주는 도덕적 선택을 포함한다. 특히 회계윤리교육은 도덕적 의무와 사회적 책임의 문제를 설명해 줄 도구(skills)와 **뼈대**(framework) 둘 다를 제공해 준다(Seleshi Sisaye, 1997).

한편 협의로는 회계윤리교육은 회계의 모든 분야에서 업무를 수행함에 있어 회계전문가들이 최소한 회계 관련 윤리기준(standards)과 이 윤리기준을 시행하기 위한 체계(mechanism)를 이해하도록 하는 데 도움을 준다. 또한 회계전문가들이 실제 상황에서 이 기준을 어떻게 적용시키는 것인지를 이해하도록 하는 데도 도움을 준다. 만약 회계전문가들이 실무에서 직업윤리기준을 이해하지 못하거나 이를 적용하지 못할 경우, 회계사들은 스스로 자율 규제할 수 있는 지금의 권한을 박탈당할지도 모른다(Goode, 1957; Greenwood, 1957).

따라서 회계윤리교육을 통하여 회계전문가들은 첫 번째, 회계 내에 존재하는 다양한 윤리규정(code)을 실행하기 위한 체계(mechanism)와 구도(composition)를 이해하도록, 두 번째, 허가(licensing), 규제국(regulatory agencies), 그리고 법적 시스템(system of justice)과 같은 기관들과 이들 기관들이 어떻게 상호 관련되는지를 이해하도록, 세 번째, 회계에서 직면하는 윤리적 딜레마에 효과적으로 대응할 수 있도록, 네 번째, 회계를 함에 있어서 계속해서 변화하는 윤리환경의 지속적인 변화에 대응할 수 있도록 교육받을 수 있을 것이다(Stephen E. Loeb, 1988).

1.2 실증적인 측면

회계에 있어 윤리교육이 왜 필요한가를 보여 주는 실증적인 연구는 윤리교육이 정말로 효과가 있는지를 보여 주는 것과 왜 윤리교육이 회계전문가에게 중요한지에 대해 보여 주는 연구로 구분될 수 있다.

우선 회계윤리교육을 통하여 실제로 윤리의식의 개발이 이루어질 수 있다는 것을 보여 주는 연구로는 Cynthia Jeffrey(1993)의 연구가 있다.

Cynthia Jeffrey의 실증연구는 회계학 전공 학생들과 비회계학 전공 학생들을 대상으로 추가적인 공식적 윤리교육을 통해 학생들의 도덕이 개발되는가를 조사하였는데 긍정적인 결과가 나왔으며, 이는 이전 연구자들에 의해 제시된 윤리개발의 이론을 일반적으로 지지하는 것으로 나타났다. 비록 이러한 실증연구가 다소 한계점[1]을 가지고 있다 하더라도 윤리교육이 의의가 있음을 보여 주는 좋은 예라 할 것이다.

다음으로 회계윤리교육이 회계전문가에게 있어 얼마나 중요한지를 보여 주는 연구가 있다. 예를 들어, 안태식 등(1997)은 '고객지향적인 회계교육을 위한 연구'에서 회계학과 졸업생이 업무 수행을 위하여 가져야 하는 자질과 능력에 대한 13개 항목의 설문 조사를 기업과 교수를 상대로 하였는데, 여기에서 컴퓨터 활용능력과 논리적 사고력이 교수와 기업 둘 다에 있어 가장 중요한 능력으로 조사되었으며, 윤리의식은 기업에 있어 6번째 중요한 항목으로 교수에 있어서는 3번째 중요한 항목으로 조사되었다.

최관 등(1997)은 '공인회계사를 위한 대학교육 개선방안'에서 공인회계사와 교수를 대상으로 공인회계사로서 성공적으로 업무를 수행하기 위하여 어떠한 자질과 능력을 갖추어야 하는지에 대한 13개 항목의 설문 조사를 하였는데, 여기에서 공인회계사 집단은 논리적 사고능력 다음으로 윤리의식과 문제 해결능력을 중요하게 평가하였으며 교수집단도 논리적 사고능력과 컴퓨터 활용능력 다음으로 윤리의식을 중요하게 평가한 것으로 조사되었다.

위에서 제시된 바와 같이 규범적이나 실증적인 연구들을 보면 회계윤리교육을 통해서 회계담당자들의 윤리의식이 개발될 수 있으며 이러한 윤리의식의 개발이 회계담당자가 회계실무를 수행하는 자질과 능력이라는 측면에서 중요한 요소인 것으로 나타나 회계에 있어 윤리교육의 필요성은 당연한 것으로 보

---

1) 윤리개발 측정에 대용치 사용, 횡단면 자료를 이용으로 인한 표본의 성숙효과 미고려, 지역적 차이 미검증.

인다. 때문에 미국의 경우, 국제적인 대형회계법인(당시의 Big Eight)이 1989년 "교육의 전망: 회계전문직에서의 성공을 위한 역량(Perspectives on Education: Capabilities for Success in the Accounting Profession)"이라는 제목의 백서에서 회계전문직이 실무에 필요한 역량을 다루는 부분에서 회계담당자는 윤리적 문제를 식별할 수 있어야 하며, 윤리적 문제에 가치에 근거한 추론시스템(value-based reasoning system)을 적용시킬 수 있어야 할 것을 요구하며 회계에서 윤리교육의 중요성을 강조하였다.[2] 한편 일본의 경우, 최근 교육개혁을 위하여 대학 설치 기준을 개정하였는데, 이 개정의 중요한 점의 하나는 일반교육과목과 전문교육과목의 구별의 폐지이다. 대학은 교육과정의 편성에 있어서 전공과목을 가르침과 동시에 폭넓고 깊은 교양, 종합적인 판단력, 풍부한 인간성을 함양하도록 하기 위한 교육인 '인간교양교육과목'을 강조하였다.[3]

물론 미국과 일본이 선진국이기 때문에 교육이라는 측면에서도 반드시 우월하다고 할 수는 없겠지만, 위 두 나라의 예를 볼 경우 우리는 회계학에 있어 윤리교육이 얼마나 필요한지는 알 수 있을 것이다.

2. 회계윤리교육의 현황과 실태

미국에서는 적어도 1900년대 초기 이후로 몇 가지 형태(form)의 회계윤리기준(ethical standards)을 가지고 있었으나(Casler, 1964), 회계윤리교육은 일반적으로 공식화(formalize)되거나 체계화되지 못했다(Loeb &

---

2) 권선국, 1996. 최근 미국 회계교육 변화·개선으로부터의 교훈. 회계저널에서 재인용.
3) 정건영, 1996. 사회발전에 있어서의 회계의 역할과 우리나라 회계교육의 현황과 개선방향. 회계저널에서 재인용.

Bedingfield, 1972).

1980년대 중반 이후, 미국의 회계교육환경은 크게 변화하였다. 주식시장의 붕괴, 저축 및 대출기관의 붕괴, 기업(business)파산의 증가, 회계법인(public accounting firm)에 대한 책임소송(liability suits) 등은 회계교육에 많은 영향을 주었다. 이를 계기로 회계윤리교육에 대한 관심이 증가하였으며 많은 연구가 수행되었다. 한편 회계교육자들은 회계 교육과정(curriculum)에 윤리의 중요성을 강조하였다. 그들은 독립된 회계윤리교육과정(curriculum)을 개발하거나 상위수준의 회계학 과정(course)에 윤리를 포함시키려고 하였다(Seleshi Sisaye, 1997).

예를 들어, 1987년 전국재무보고부정방지위원회(the National Commission on Fraudulent Financial Reporting)는 회계학과 경영학(Business) 교육에 있어 윤리가 더욱 포함(coverage)되어야 할 것을 제시했다. 또한 미국회계학회(the American Accounting Association Committee)는 "회계교육의 미래구조(structure), 내용(content)과 범위(scope)에서 전문가회계교육에는 반드시 윤리적 기준(standards)과 전문직업인의 의무(commitment)가 포함되어야 한다"는 것을 지적했다.

우리나라의 경우도 회계윤리기준을 가지고 있기는 하나 미국과 마찬가지로 회계윤리에 대한 교육이 일반적으로 공식화되거나 체계화되어 있지 않았을 뿐만 아니라 회계윤리교육에 대한 독자적인 연구마저도 거의 없었다.

우리나라는 1990년대 이후, 삼풍백화점 사건, 현대전자 주가조작 사건 등 기업활동과 관련된 많은 비윤리적 사건들을 계기로, 기업과 정부가 기업의 윤리적 활동을 제고시키기 위한 움직임들을 효시로 이에 대한 관심이 고조되었다. 지난 6월 전경련이 회원사 및 상장사 500개 기업을 대상으로 조사해 26일 발표한 조사결과에 따르면, 조사대상 기업의 45.2%가 기업윤리헌장을 채택한 것으로 나타났으며 이는 99년 조사 당시의 21.8%보다 2배로 증가한 수치다. 특히 주목할 만한 것은 윤리헌장 제정이 매출액과 관계있다고 응답한 기업이 72.3%나 되며 75.2%는 윤리헌장 제정 후에 기업이미지가 개선된 것으로 조사되어 윤리가 경쟁력과 무관하지 않다는 것을 보여 주고 있다. 한편 기업들이 이러한 기업윤리헌장을 실천하기 위한 방안으로 가장 많이 사용하는 것은 매뉴얼 작성 및 배포이고 정기·수시 교육과 담당부서 및 담당자 지정도 각각 28.7%, 24.6%로 조사되었다.[4] 또한 1990년대는 경영학 교육에 있어서도 기업윤리교육이 교육의 전환점을 맞이하게 된 시대이다. 물론 1990년대 이전에도 선도적으로 기업윤리 관련과목을 개설하고 있는 일부 대학이 있긴 하였지만, 많은 대학으로 확산되기 시작한 것은 한국경영학회가 1991년 추계 경영학회의 주제를 '기업윤리와 경영교육'이라는 주제로 학술발표를 개최한 것이 계기가 되었다(한기수, 1999).

이와 같이 우리나라에서는 회계윤리교육은 기업윤리교육과 분리되어 관심을 받지는 못했다. 그러나 최근 기업활동과 관련된 비윤리적 사건뿐만 아니라 동아건설의 분식회계 및 부실감사 등과 같은 회계와 직접 관련된 비윤리적 사건의 발생으로 인하여 기업윤리와 분리된 회계윤리의식에 대한 관심이 고조되어 회계윤리에 대한 독자적인 연구가 나오기 시작하고 있다. 그러나 아직까지 회계윤리교육에 관한 독자적인 연구는 거의 없으며, 회계학교육에 관한 연구들(최관 외 3, 1997; 정건영, 1996)에서 회계학교육에 있어 일반교양 및 윤리교육의 중요성을 잠깐씩 언급하고 있는 정도이다.

또한 회계윤리교육에 대한 연구만 미흡한 것만이 아니라 이러한 심포지엄 이후에도 실제로 회계윤리에 대한 강좌를 개설·교육하고 있는 대학은 거의 없는 것으로 조사되었다.

---

4) 한국경제신문, 2001년 7월 27일, '기업"윤리경영이 곧 경쟁력"에서 재인용, 19면

3. 회계윤리교육부재의 원인은 무엇인가?

우리는 기존의 연구를 통하여 회계교육에 있어서 회계윤리교육이 중요하다는 것을 알 수 있었다. 그러나 회계윤리교육이 필요할 뿐만 아니라 중요하다고 하면 교육이 제대로 되어야 함에도 불구하고 실제로는 제대로 시행되고 있지 않고 있다. 그렇다면 왜 이러한 현상이 발생하였는지에 대한 원인을 규명할 필요가 있을 것이다.

먼저 회계윤리 관련과목을 개설하지 않는 가장 큰 원인은 한기수의 기업윤리교육 관련 연구에서 제시된 바 있는 것과 같이 '타 과목에 비해 낮은 우선순위'였다. 한기수(1999)는 이미 주임교수들이 가치관 교육에 대한 관심도가 높고 기업윤리교육의 필요성을 크게 인식하고 있는 것을 고려한다면, '타 과목에 비해 낮은 우선순위'가 가장 큰 과목 개설의 장애요인인 것은 기업윤리 관련과목을 전담할 교수가 부족하고 개설과목 수가 제약되어 있는 상황에서 교수들의 가치관 교육에 대한 의지가 이것을 극복할 만큼 크지 않기 때문에 기업윤리 관련과목의 개설이 쉽지 않았다는 것을 시사하고 있는 것으로 보았다.

특히 이러한 현상은 특히 전문가를 배출해야 하는 회계학교육에 있어서 더욱 심각한 것 같다. 최근 사회는 높은 경쟁으로 인하여 전문가에게 요구하는 전문성의 수준이 높아지고 있을 뿐만 아니라 현장에서 이러한 전문성을 즉시 발휘할 수 있기를 요구하고 있다. 회계담당자 또한 전문가로서 이러한 사회의 요구에 직면하게 될 것이다. 따라서 회계학을 공부하는 학생들은 배워야 할 전문적인 지식의 양이 증가하여 이를 습득하는 데 많은 시간이 소요될 것이며, 회계학교육을 담당하고 있는 대학 역시 이러한 사회의 요구를 무시할 수 없기 때문에 현재까지의 교육은 전문적인 회계교육에 치우치게 되고 윤리교육이 소홀하게 되었다.

이와 더불어 최근 학부통합이 이루어지면서, 회계전공 학생의 수가 감소할 것이라는 대학의 우려가 상대적으로 우선순위가 낮은 과목에 대한 교육을 더욱 소홀히 하게 만드는 원인으로 작용하는 것 같다. 다음으로 제도적인 것으로서, 소수의 회계전문가만 배출하게 할 뿐만 아니라 회계학을 체계적으로 받지 않은 학생들도 시험의 자격이 주어지게 만들어 학생을 시험을 위한 전문적인 지식습득에만 매달리게 만드는 회계사 자격시험제도도 회계윤리교육 부재의 원인으로 볼 수 있을 것이다(정건영, 1996; 권선국, 1996).

한편 회계윤리교육이 제대로 시행되지 못하는 또 다른 원인으로는 적절한 교수의 부족이나 교재의 부족과 같은 것이 있는데, 본 연구의 설문에서 일부 응답자는 윤리교육을 하려고 하여도 무엇을, 어떻게, 어떤 교재로 하여야 할지 모르기 때문에 할 수 없었다고 응답하였다.

4. 윤리교육부재를 해결하기 위한 방안은 무엇인가?

지금까지 회계윤리교육이 제대로 시행되지 못한 이유를 살펴보았다. 이러한 원인을 해결하는 방안을 제시하는 것은 제대로 된 회계윤리교육을 시행하는 방향을 제시해 줄 것이다.

첫 번째, 윤리교육에 관한 인식의 개선이 필요하다. 일본이나 미국뿐만 아니라 우리나라에서도 사회가 전문가에게 요구하는 것은 전문적인 지식만이 아니라 일반소양까지도 포함하고 있다. 이는 전문적인 지식이 사회에 유용하게 사용되기 위해서는 반드시 윤리적인 소양 위에 있어야 하며 그렇지 못하면 오히려 사회에 유해하게 이용될 것이기 때문이다. 그러나 최근 들어 이러한 사실을 차츰 인식하고 있기는 하지만 개인이 실감하지는 못하는 것 같다. 왜냐하면 상대적으로 눈앞의 현실에 직면한 학생들이나 회계담당자들은 단기적인 시각에서 이러한 사실을 묵과할 수 있기 때문이다. 그러나 일본이나 우리나라의 경우 격심한 경쟁으로 인해 종신고용제도는 무너지고 있지만, 여전히 장기고용과 직장 내 훈련(OJT)을 중시하는 기업이 적지 않다. 이러한 기업은 대학에서의 4년간의 전문교육에 크게 기대를 하지 않으며, 대학에서는 오히려 일반교양을 착실히 공부하고, 전문적인 지식은 입사 후 10년 정도에 걸친 현장의 실천을 통해 습득시키겠다는 생각이다. 따라서 신입사원의 채용 시 전문분야의 업무를 지금 현재 어느 정도 수행할 수 있는가를 평가하기보다는 인성이나 적성 등을 위주로 직원을 채용하는 경우가 많다. 그렇기 때문에 기업은 기업에 정말로 필요한 인력의 확보를 위해서라도 이러한 사실을 교육기관에 적극 홍보하여야 할 것이며 가르치는 선생님이나 배우는 학생들 역시 이러한 환경에 개인적으로라도 능동적으로 대처해 나가야 할 필요가 있을 것이다.

두 번째, 윤리교육이 시행될 수 있기 위한 지원이 필요하다. 전문가에게 있어 윤리적인 소양이 중요하다고 하더라도 전문가는 반드시 전문적인 지식을 갖추어야 하기 때문에 반드시 필요한 윤리교육이 소홀히 될 수 있는 것이 현실이다. 때문에 윤리적인 소양이 경쟁력의 한 요소가 된다면 교육을 담당하는 교육기관들은 윤리교육이 제대로 시행될 수 있도록 하기 위해 이 과목을 가르치는 선생님이나 배우는 학생들에게 이 과목을 수강하는 데 따른 이점(산학연계를 통한 현장실습의 기회 제공: 기업의 회계담당자에 있어서는 계속교육의 기회가 제공됨)을 제공할 수 있도록 해야 할 것이다. 반드시 필요한 것들이 어떤 상황에 의해 소홀히 된다면 비록 눈앞의 손실이 다소 발생한다 하더라도 특별한 지원이 필요할 것이기 때문이다.

세 번째, 회계학교육의 문제점으로 많이 지적되고 있는 회계사자격시험제도의 개선이다. 사회가 요구하는 수준 높은 전문가를 산출하기 위해서는 시험을 통해 배출되는 회계사의 수를 적게 하여 회계사의 질을 높이는 것이 맞다 하더라도 회계가 사회에 꼭 필요한 것이라면 비록 회계사가 많다고 하더라도 자유경쟁의 원리를 통해 충분한 수의 전문가를 배출할 수 있으므로 이러한 문제는 어느 정도 해결될 수 있을 것이다. 또한 자격시험의 근본 취지가 그 업무를 수행할 수 있는 자격을 갖추었는지를 확인하려 함에 있지 숫자를 제한함에 있지는 않는 것을 고려하더라도 문호를 좀더 넓히는 것이 타당할 것 같다. 다음으로는 회계학을 체계적으로 교육받지 않은 학생들에게 시험자격이 주어지는 데 대한 것이다. 모든 학생이 시험자격을 가지게 되어 학교는 마치 시험 준비를 위한 학원같이 되어 꼭 필요한 소양교육에 소홀히 하게 되었다. 비록 전체 비전공자에 대한 시험자격을 박탈할 수는 없지만 타전공자라 하더라도 대학에서 회계를 수행함에 있어 꼭 갖추어야 할 소양과목은 이수한 자에게만 시험자격을 부여하는 등의 방법을 고려해 보는 것도 하나의 방법이 될 것이며 마지막으로 면접 시 인성과 적성시험을 강화하는 것도 윤리의식을 고취시키는 계기가 될 수 있을 것이다.

회계신뢰와 회계윤리

제 3 장

회계윤리교육에 적합한 교육모델은 무엇인가?

교육모델 자체가 일률적으로 정해질 수는 없으며, 교육기관도 각자의 특성을 가지고 있기 때문에 하나의 교육모델을 제시하기는 불가능하다고 본다. 따라서 본 논문에서는 각 교육기관이 각자의 특성에 맞는 교육모델을 찾을 수 있도록 이론을 토대로 교육모델을 소개하고자 한다.

1. 회계윤리교육의 목적

회계윤리교육의 목적은 회계윤리교육의 내용과 방향을 결정하는 지침이 될 뿐 아니라 회계윤리교육의 효과를 평가하는 기준이 될 수 있다는 데 의의가 있다(한기수, 1997).[5] 그러나 윤리교육의 목적이 일률적일 수는 없기 때문에 이를 하나로 정형화시킬 수는 없고 다만 여기에서는 대표적인 학자들이 제시한 윤리교육의 목적을 제시하고자 한다.

Hosmer(1985)는 도덕기준을 가르칠 수 없다는 비판에 반응하면서 복잡한 문제들을 통한 도덕적 추론방법을 가르침으로써 학생들이 그들이 가지

---

5) 기업윤리교육에 관해 언급한 것이나 회계윤리교육에 있어서도 적용될 수 있다고 보아 제시.

고 있는 도덕기준을 적용할 수 있게 되기를 원했다.

Callahan(1979)은 Hastings Center의 보고서인 "The Teaching of Ethics in Higher Education"에서 윤리교육의 목적을 다음과 같이 제시했다.

① 도덕적 상상력의 자극
② 윤리적 쟁점들의 인식
③ 분석기법의 개발
④ 도덕적 의무감과 개인적 책임감의 도출
⑤ 의견차이와 모호성에 대한 관용

한기수(1997)는 기업윤리교육의 연구에서 기업윤리교육의 목적을 다음과 같이 제시했다.

① 경영의사결정과 관련된 윤리적 쟁점들을 인식한다.
② 경영의사결정과 관련된 윤리적 쟁점들을 분석할 수 있는 기법을 제시한다.
③ 경영의 탁월성과 윤리성을 통합시킬 수 있는 실행계획의 개발을 장려한다.

한편 미국에서의 대학기업윤리교육에 대한 대부분의 교과목에서 공통적으로 강조하는 목적을 살펴보면 다음과 같다(한기수, 1997).

첫 번째, 학생들에게 기업현장의 윤리적 문제들을 알게 한다.

두 번째, 학생들에게 그들 문제와 관련된 의사결정을 위한 분석도구를 제공한다.

참고적으로 미국의 국제적인 대형회계법인(당시 Big Eight)은 1989년 "교육의 전망: 회계전문직에서의 성공을 위한 역량(Perspectives on Education: Capabilities for Success in the Accounting Profession)" 이라는 백서 중 실무에 필요한 역량 부분에서 '회계담당자는 윤리적 문제를 식별할 수 있어야 하며 윤리적 문제의 가치에 근거한 추론시스템(value-based reasoning system)을 적용시킬 수 있어야 한다'고 언급[6]하였는데 이를 통해 간접적으로 실무자를 위한 회계윤리교육의 목적을 알 수 있으며, 비록 목적이 상이하지는 않지만 대학교육에서도 이를 고려하여야 할 것이다.

2. 회계윤리교육에 대한 접근법

회계윤리교육에 대한 접근법에는 제도적 접근법과 결과론적 접근법의 두 가지가 있다. 일반적으로 회계윤리교육은 학생들의 도덕과 윤리 논리력을 개발하기 위해 적응적(adaptive)인 제도적 방법을 이용하여, 다소 현실을 반영하지 못하는 점이 있었다. 반면 결과론적 접근법은 학생들이 실제 조직 생활의 경험을 교류하기 위한 탐구적이며 발견적인 방법으로서 제도적 접근법을 보완할 수 있는 방법이다.

우리나라의 경우 회계윤리교육에 대한 연구도 거의 없을 뿐만 아니라 회계윤리교육도 제대로 되고 있지 않으므로 교육의 기본방향을 설정하는 것이 시급하다. 두 접근법이 나름대로 장점과 단점이 있기 때문에, Seleshi Sisaye(1997)의 연구와 같이 단순히 두 접근법을 비교·분석하여 어느 접근법을 취하는 것은 의미가 없다고 본다. 따라서 이 논문은 제도적인 접근법과 결과론적 접근법을 다 같이 소개하여 장점을 취할 수 있도록 구성하였다.

마지막으로 우리나라의 경우 과거에 회계윤리교육에 대하여 실태를 조사한 연구가 없었기 때문에, 회계윤리교육에 대한 실태를 참조하기 위하여 여기에서는 기업윤리교육에 관한 실태 조사를 참조하였다. 왜냐하면 회계학과

---

6) 권선국, 1996, 회계저널, 최근 미국 회계교육 변화·개선으로부터의 교훈에서 재인용.

가 경영학과와 분리되지 않은 대학도 있고 기업윤리교육에서도 회계와 관련된 것이 있기 때문이다.

2.1 제도적 접근법(institutional approach): 대표적 교육기법 강의와 사례연구

1) 적응적 변화전략(Adaptive Change Strategy)으로서의 제도적 접근법

제도적 접근법은 현존하는 시스템, 기술, 제품 그리고 서비스를 지속적으로 개선하기 위한 시도(experimentation) 혹은 수정(modification)을 포함하는 점진적인 변화(incremental change)에 초점을 맞춘다(Mezias & Glynn, 1993). 제도적 접근법은 장기적인 문제 해결(long-term solution)보다는 신속한 수정(quick fix)에 초점을 맞추어 변화에 이르기까지 반응적 / 순응적 접근법(reactive / adaptive approach)을 추구한다. 그것은 환경의 위협, 신호(signal)와 위기에 대응하기 위한 점진적이며 단계적인(step-by-step) 변화전략을 사용한다. 즉 점진적인 변화를 도입함에 의해 현상을 유지하는 것이 주안점이다.

단기에 제도적 접근법을 채택한 조직은 문제를 해결하기 위해 소규모의 개선과 수정을 시행할 수 있다. 점진적인 개선은 시스템이 기술적 · 재무적 그리고 인적 자원의 큰 상실 없이 외부위협에 대응할 수 있도록 할 수 있다 (Mezias & Glynn, 1993).

2) 회계윤리교육에 대한 적응적 · 점진적 전략

제도적 접근법은 외부 환경과 관련한 회계윤리교육을 조사하기 위한 가치 있는 뼈대(framework)를 제공한다. 이 접근법은 현 대학교육시스템이 점진적이고 증분적인 변화를 통해 환경의 관심사에 대응해야만 할 필요가 있다는 것을 제시한다. 즉 기업과 정부규제와 같은 환경적 변화가 윤리교육과 회계실무에 영향을 줄 것이라는 것인데, 이러한 외부 환경요인들로는 정부규제, 직업협회의 요구, 인가국(accrediting agency) 기준 등이 포함된다. 따라서 대학수준에서의 윤리교육은 회계사들이 일을 할 때 직면하는 그런 윤리적 이슈들로 회계윤리교육의 범위를 좁혀 왔다. 이들은 미국공인회계사협회(AICPA), 관리회계사협회(IMA), 내부감사인협회(IAA)와 같은 직업적 회계조직의 기준을 고집하는 직업행위규정(professional codes of conduct)을 설명한다. Loeb(1989)은 AICPA와 다른 직업조직의 직업행위규정과 회계사들이 회계윤리교육의 배경(context) 내에서 직면하는 윤리적 딜레마를 토의해 왔다(Loeb, 1988).

제도적 접근법은 조직과 사회의 목표에 교육과정(educational process)을 연결시켜 주고, 조직과 사회에서의 회계의사결정의 윤리적 차원을 강조한다. 회계윤리교육의 철학은 공공회계직(public accounting profession)의 배경(context) 내에 기초한다. 회계 질문(question)은 보통 전문직업(profession)이 조직과 사회와 공유(interface)할 때 직업이 만나게 되는 그런 윤리적 문제들을 설명한다.

3) 제도적 접근법의 고유한 약점

회계윤리교육에 있어 제도적 접근법의 중요한 한계는 회계윤리교육이 의미하는 주요한 대상을 직업 및 조직 가치와 행위규정에 초점을 맞추었다는 것이다. 이것은 대학교육에 놓인 폭넓은 다양한 학문과 철학적 접근법의 배경 내에서 회계윤리를 설명하진 않는다. 회계윤리교육에 있어 다양한 학문(liberal arts)과 사회과학의 배경이 주는 영향을 조사한 Ponemon and Glazer(1990)의 연구가 무시된 것이 눈에 띈다. 이 연구는 회계에서 윤리가치를 직업행위규정뿐만 아니라 개인, 조직 그리고 사회적 가치도 포함시켜 정의하였다.

비록 제도적 접근법이 윤리교육의 규범적이고 기능적인 효용을 강조하여 범위가 좁을지라도, 사회적이고 정치적인 다방면의 윤리교육의 형태를 포함하는 식으로 확대될 수 있다. 결과론적 접근법은 윤리교육에 활동지향적이고 조정지향적(proactive and prointervention)인 전략을 부가시킬 수 있다.

2.2 회계윤리교육에 대한 결과론적(consequential) 접근법: 대표적인 교육기법 프로젝트 부과, 연수(internship), 단기체류(short term visit)

결과론적 접근법은 윤리교육에 있어 활동지향적인 전략을 취한다. 활동지향적인 전략은 현존하는 조직의 가정과 기준(assumption and norm)을 변화시키기 위해 영감적, 상상적이고 창조적인 탐구적 방법을 이용한다. 교육을 포함한 계획된 변화 프로그램은 과거와 달리 일을 하도록 계획되고 실행된다. 전략은 사회에 긍정적인 결과론적 효과를 가져다줄 새로운 가정 / 아이디어와 접근법을 탐구하는 것이다. 목표는 장기적인 개선을 성취할 수 있는 교육프로그램의 큰 약진을 얻는 것이다(Mezias & Glynn, 1993). 그 과정(process)은 윤리교육에 통합되고 기능 교차적이고 복수 학문적인 접근법을 강조한다.

결과론적 접근법은 교육과정(process)을 조직과 사회에 대한 관계에서 본다. 따라서 교육과정에서의 어떠한 변화는, 사회에 의미 있는 영향을 주는 방향이 되어야 할 것이다. 그러나 그런 변화는 교육시스템이 기업의 기능적이고 규범적인 실무에 영향을 줄 수 없다면 실현될 수 없을 것 같다.

유사하게 윤리교육도 사회에서 긍정적인 결과를 창출할 기업과 교육시스템의 목표 사이에 차이의 다리 역할을 시도한다.

Metzger와 Phillips(1991)는 윤리교육에 대한 결과론적 접근법이 윤리교육(instruction)의 목적을 기업의 제도적인 가정을 변화시키는 것에 두도록 하였다고 주장했다. 결과론적 접근법은 교육시스템이 개인과 기업행동을 얼마나 더 사회적으로 책임 있는 형태(pattern)로 만들어 줄 수 있는지를 알아봄에 의해 윤리교육의 가치를 평가하는 공리주의적 관점을 가진다. 예를 들어, 윤리교육의 결과를 조사하기 위한 하나의 기준은 회사의 실패를 탐지하는 데 있어 감사오류와 같은 실무들을 감소하는 능력이다. 윤리교육이 감사실패를 최소화할 수 없다면, 이것은 기업, 경제와 사회에 역효과일 것이다.

따라서 결과론적 접근법은 조직의 규칙과 직업행위규정을 강조하는 윤리교육의 현 구조에 의문을 가진다. 왜냐하면 제도적인 논리나 작용을 이해하기 위한 어떠한 시도 없이 개인행동의 적절한 규정과 규칙을 교육하는 것과 이 교육의 결과는 윤리교육을 실제 세계와 분리되게 만들 것이기 때문이다(Metzger & Phillips, 1991). 그러므로 윤리교육의 방법론과 가르침은 교사와 학생들이 조직과 사회에 윤리교육이 주는 결과적 영향을 설명해 주는 구조를 제공해야 할 필요가 있다.

3. 회계윤리교육의 교과과정

3.1 교과과정에 대한 실태 연구

1) 단일교과

McMahon, et. al., (1975)의 연구를 살펴보면, 미국은 1973년 이후 8년 동안 기업윤리 관련분야가 양적으로 급성장하였으며, 이러한 추세는 계속 진행 중에 있다. 내용을 살펴보면 관련과목이 필수과목으로 되는 비율이 증가하고 있으며, 과목의 개설학과도 경영학과의 비율이 증가하는 추세에 있으며, 한 교수가 과목을 전담하는 비율이 점차 증가하는 추세를 보이고 있다는 것을 알 수 있다.

한국의 경우, 한기수의 연구를 살펴보면 우리나라에서도 역시 1992년 이후 많은 대학들이 기업윤리 과목을 개설하고 있으며, 개설된 과목의 대부분이 전공 선택인 것으로 나타났다.

2) 통합교과

Wharton School과 Harvard 대학은 1987년을 전후하여 기업윤리교육을 단일과목에서 모든 경영학 핵심과목에 통합시키는 교과과정을 시작하였다. Wharton School의 경우 마케팅, 재무관리, 경영학, 경영정책에 윤리내용을 포함시켜 교육하기 시작하여 모든 분야에 확산시키고 있으며, Harvard 대학은 10개의 핵심과목 중 각각에서 4-6개의 윤리 관련 클래스가 포함되도록 설계하였다. 한편 남가주대학은 윤리와 사회적 책임 등은 별개과목을 개설하여 다루지 아니하고 각 과목 내에서 다루어지도록 하였다.

3.2 교과과정의 장·단점에 관한 연구

윤리교육을 회계윤리라는 특정과목으로 하지 않고 회계과목이나 많은 교과과정 속에서 할 경우에 장·단점이 존재한다.

Mai-Dalton(1987)은 교과과정 안에서 윤리를 교육하는 것은 학생들이 지속적으로 그들의 윤리적 지각과 판단을 연마하고 관련 문제에 대해 씨름하게 한다고 주장했다. 그는 어떤 세미나나 교과과정도 아직 발생되지 않은 특정상황이 일어날 수 있으므로 올바른 행위를 가르칠 수 없다고 주장하였다. 게다가 Treadway Commision(1987, pp.82-83)도 윤리가 모든 회계과목의 부분이 돼야 한다고 제시했다.

반면, 회계교과과정을 통한 윤리교육은 거의 모든 회계교수진이 윤리를 가르칠 것을 요구한다. 예를 들어, McQuillan(1982)과 Owens(1983)은 대부분의 회계교수진이 그러한 교수능력을 가지고 있지 못하며 이러한 경우 교육이 회피되거나 단지 피상적일 수 있다고 제시했다.

회계교과과정에서 하나의 특정과목으로 윤리를 교육하는 것은 회계윤리를 강의하기 위해 많은 교수진들을 훈련시켜야 하는 어려움을 감소시켜 주며, 학생들에게 보다 통일성 있는 교육경험을 제공한다. 그러나 이 과정은 학생들이 제기된 회계문제를 이해하기 위하여 연속되어야 하므로 그런 과정이 회계교과과정에서 어느 점에 위치하여야 하는지가 문제가 되며, 회계윤리가 독립된 과정으로 적절하게 교육되기 위해서는 이용 가능한 충분한 교과서가 있어야 한다는 것이다(Grimstad, 1964).

4. 교과내용

회계과목에서의 윤리적 주제들은 다음과 같은 것들이 있다.

1) 공시: 공정한 공시와 불공정한 공시, 완전공시, 공시시기, 공시대상자
2) 인플레이션 회계
3) 절세와 탈세
4) 이해관계자집단 간의 이해의 갈등
5) 이익의 극대화와 손실의 극소화
6) 감사인의 독립성
7) 자산의 평가: 평가절하(예, 감손 등 재고손실의 인식), 재공품의 평가
8) 비밀보장과 감사대상고객들 간의 이해의 충돌
9) 회계처리과정에서의 자의성의 개입
10) 일반적으로 인정된 회계원칙과 분식결산

그 외 한기수는 교과과정 외 윤리교육으로 윤리적인 대학운영과 지역사회 봉사프로그램을 제시하였다.

5. 교육방법

5.1 누가 가르칠 것인가?

Bok(1976)은 응용윤리를 가르치는 사람이 갖추어야 할 조건을 제시하였으며, George(1988)는 기업윤리강의를 학제적(철학과 경영학)이면서도 기업현장에 있는 경영자를 참여시켜서 할 것을 제안하고 있다. 팀 강의는

위의 조건을 충족시킬 수 있는 방법 중의 하나로서 학제와 실무교육을 적절히 조화시킬 수 있다. Callahan(1979)은 팀 강의가 성공적으로 이루어지기 위한 조건으로 첫째, 양 분야의 교육자료가 될 수 있는 대로 촘촘하게 짜일 수 있는 방식으로 교육내용이 구성되어야 할 것과 둘째, 팀 강의를 하는 강사들은 동료의 학문영역의 교육자료를 파악하기 위하여 충분히 준비해야 할 것을 제시하였다.

5.2 어떻게 가르칠 것인가?

1) 교 화

교화란 학생들에게 어떤 신념체계의 타당성을 설득하기 위한 조직적인 시도로서 윤리교육에 대한 반론으로 흔히 제기되는 것이 교화의 위험성이다. Callahan은 이러한 교화의 방법으로 크게 엄한 교화와 부드러운 교화의 두 가지 방법을 제시하였다.

2) 그룹학습

그룹학습은 학생들에게 자아의 개념, 지적인 성취, 리더십 기법의 개발, 그룹규범의 수립, 의사소통기법의 개발, 그리고 그룹의 목표와 자신의 목표를 연결시킬 수 있는 능력 등과 같은 효과를 기대할 수 있기 때문에 기업윤리교육에서 유용하게 사용할 수 있다(한기수, 1997).

그러나 이 방식은 그룹 구성원들의 성격이 충돌하고 이것이 적절히 조절될 수 없는 경우에는 소기의 학습효과를 올릴 수 없으며, 최선을 다하고 공헌이 많은 그룹 구성원과 그렇지 않은 그룹 구성원 간에 평가의 차이를 둘 수 없는 한계가 있다.

3) 토 론

Nelson과 Obremski(1990)는 도덕적 성장에 있어서 학생이 이끈 토론이 선생이 이끈 토론보다 더 효과적인 것으로 나타났다고 지적한다.

4) 사 례

윤리교육은 윤리적 의사결정이 설정된 상황에서 교육되어야 한다. 그러한 상황이 없는 교육은 교재가 지나치게 이론적이거나 단순한 경우일 것이다. 이러한 점에서 사례는 기업윤리의 가장 유용한 교육도구 중의 하나로서 널리 사용되고 있다.

5) 교과서 / 강의

교과서에 의한 강의는 전통적으로 이론을 소개하고 개념의 틀을 제시하는 데 유용한 교육도구 및 방법으로 사용되어 왔다. McMahon(1975)의 연구에 의하면 응답자의 60%가 교과서를 사용하고 있다고 하였다.

6) 역할 연기 / 게임

역할 연기는 학생들에게 이해의 충돌에서 발생하는 윤리적 곤경을 연기하게 함으로써 자연스럽게 학생들의 의식과 감정, 그리고 행동의 변화에 영향을 줄 수 있는 교육방법이다. McDonald은 역할 연기가 창조적이고 효과적인 교육방법들 중의 하나라고 주장하였다.

7) 화상대화

실무자와 화상을 이용한 대화를 통해 질의／응답함으로써 학생들을 활동적으로 수업에 참여시킬 수 있다.

8) 인턴쉽／단기체류

그 외의 방법으로 한기수는 신문기사, 비디오테이프／영화, 교육소설／자서전을 통한 교육방법을 제시하였다.

제 4 장
마치며

우리는 지금까지 회계윤리의식을 제고시키기 위해 회계윤리교육에 대한 연구를 하였다. 미국과 일본을 비롯한 우리나라에서도 전문가에게 있어 전문적인 지식과 함께 윤리적인 소양이 필요하다는 것을 모두 알고는 있었지만, 우리나라의 경우는 두 나라에 비하여 윤리교육이 소홀한 감이 있다. 현대는 무한 경쟁시대이기 때문에 어느 나라에서도 윤리교육이 다른 과목에 비해 중요성 있게 다루어진 곳은 없었으며 이러한 문제를 해결하는 것이 딜레마인 것 같다.

그러나 또 다른 한편으로는 두 나라가 우리나라와 같이 윤리교육이 소홀하지는 않았다. 즉, 회계학교육에 있어 윤리교육의 중요성을 인식하고 있기에 소홀히 하지 않았으리라 생각한다. 사실 아무리 좋은 교육제도를 가지고 있다 하더라도 제대로 실시하지 않는다면 아무런 의미가 없다고 본다면 교육을 바라보는 우리의 인식전환이 무엇보다도 중요하다 할 것이다. 이러한 인식의 전환은 회계를 하는 사람들만에 의해서 되는 것은 아니며 사회 전반적인 인식의 전환이 필요한 것이기에 더욱 어려움이 있다. 다행히 최근 들어 윤리에 대한 사회의 인식이 전환되고 있으며 이를 계기로 회계학의 교육에도 새로운 인식전환의 기틀이 마련되었다.

이제는 회계를 하는 사람들 스스로가 이러한 인식의 전환에 발맞추어 회계윤리교육에 관한 많은 연구를 하여야 할 뿐만 아니라 회계윤리교육이 제대로 수행될 수 있는 여건도 마련하여야 할 것이다. 또한 회계학교육뿐만 아니라 회계윤리교육이 대학교육을 통해서만 완성되는 것이 아니므로 실무에 있는 사람들에 대해서도 평생교육이 이루어질 수 있도록 하여야 할 것이며, 회계윤리문제에 대한 의사결정이 실무에서 발생되는 상황을 고려한다면 회계윤리교육은 단순히 기존의 강의식 교육만을 고수해서는 안 되며 현장학습이 이루어질 수 있도록 하여야 할 것이다.

따라서 학생들은 회계윤리교육을 통해 현장학습을 할 기회를 가지게 되어 교육뿐만 아니라 기업에 대한 이해를 도울 수 있게 된다. 각 기업의 실무를 담당하는 회계담당자들은 이러한 현장학습이 학생들 및 대학의 교수들을 통해 계속교육의 기회를 제공받을 수 있는 이점을 가질 수 있을 것이다. 이러한 시너지 효과는 윤리교육에서만이 아니라 회계학교육 전반에서 발생할 것이다.

마지막으로 어떤 교육기관이 어떠한 교육모델을 취하는 것이 효과적이냐는 각 교육기관이 각자의 고유한 특성이 있기 때문에 일률적으로 이러한 교육모델을 가져야 한다고 제시하는 것은 무리가 있을 것이다. 따라서 각 교육기관은 기존 연구를 토대로 각자의 특성에 맞는 교육모델을 개발하여야 할 것이다. 다만 우리나라의 경우, 강의식 교육을 함에 있어서 적절한 교재의 부족도 회계윤리교육을 저해하는 큰 원인 중의 하나로 나타났는데, 이러한 문제를 해결하기 위해서 실무자들과 교수들이 협의하여 적절한 교재를 마련할 수 있도록 하여야 할 것이다.

또한 회계학교육에 있어 전문적인 지식을 습득하여야 할 것이 점점 더 증가한다는 점과 회계윤리문제가 정형적인 형태를 가지고 발생하는 것은 아니라는 점 등으로 미루어 회계윤리교육은 독자적인 교과목으로 이루어지기보다는 각 과목에 통합되어 이루어지는 것이 더 실효성 있으며 효과적인 것으로 생각된다. 이는 최근의 미국 회계학교육의 흐름과도 일치하는 것으로, 우리나라의 회계학교육이 미국의 흐름에 많은 영향을 받고 있는 점을 감안할 때, 장기적으로는 윤리교육이 통합교육으로 나갈 것으로 보인다.

제 V 부 회계윤리의 자율과 규제의 조화

A Person Should Be Upright,
And Not Be Kept Upright.

제1장
들어가며

1. 문제의 제기

한국과 미국을 비롯한 대부분의 자본주의 국가에는 기업의 투명성을 감시하고 보장해 주는 공인회계사 제도가 있다. 그러나 사회에서 차지하고 있는 위상이라는 점에서 각국의 국민들이 공인회계사에 대해서 느끼는 인식은 매우 상이하다. 미국공인회계사는 사회에서 엄청난 존경을 받는 것으로 알려지고 있다. 이는 그들이 지키고 있는 철저한 도덕률 때문이다. 미국에서는 공인회계사의 행동이 법에 저촉되지 않는다 하더라도 이러한 자체 도덕률을 어기면 제명을 당한다. 비록 그의 실수가 고의가 아니었다 할지라도 전문직 업인의 무한책임원칙에 따라 책임을 져야 한다.

미국공인회계사회(AICPA: American Institute of Certified Public Accountant)에 소속된 공인회계사들은 그들이 갖고 있는 높은 도덕성과 전문지식으로 인해 미국 최고의 명예집단으로 인식되고 있으며, 또한 존경을 받고 있다. 비록, 공인회계사회가 회원들이 낸 회비로 운영되지만, 회계사 전체의 명예와 도덕성을 위해서 회원의 행동을 무조건적으로 옹호하지는 않는다. 이것은 집단의 명예를 지키기 위해서이다. 또한 미국공인회계사회에서는 공인회계사에게 부당한 실력을 행사하였거나 업무를 방해 또는 조작하였다고 판정되면, 해당 업체의 감사를 거부한다. 그러면 그 업체는 재무제표에 대한 감사를 받지 못하게 되고 시장과 투자자에게 신뢰를 얻지 못하게 되어 결국에는 기업활동을 하지 못하게 된다. 비록 기업이 공인회계사들에게 부당한 압력이나 실력을 행사하지 않았다 하더라도 기업 내부의 회계통제시스템이 부실할 경우에는 수임을 받지 않거나 대단히 높은 수임료를 매기게 된다. 이러한 이유로 기업은 스스로 재무제표를 정확하게 만들 수밖에 없게 된다.

반면, 우리나라에서는 많은 기업의 경영자들이 공인회계사의 감사의견에 대해서 하나의 통과의례 정도로만 생각하고 있을 뿐이다. 또한 기업 내의 회계담당자는 경영자의 지시에 따라 회계수치를 엿가락처럼 늘였다 줄였다 하는 경우도 있다. 이러한 이유로 일부 이해관계자들은 공인회계사가 감사한 기업의 재무제표를 신뢰하지 않는다. 기업의 비리나 분식회계에 대한 사건이 터질 때마다 당해 업체는 물론이고 감사를 맡은 회계사와 회계법인들도 도매금으로 분류되어 언론의 질타를 받는다.

그렇다면 왜 한국과 미국의 공인회계사의 사회적인 위상은 이렇게 차이가 나는 것일까?

왜 한국에서는 공인회계사를 신뢰하지 못하는 것일까?

우리나라의 경우에는 공인회계사를 둘러싸고 있는 불합리한 사회환경과 제도도 무시할 수 없는 이유 중에 하나이다. 그러나 전문직업인으로서의 명예와 위상은 스스로 지켜야지 누가 찾아주는 것이 아니다. 미국의 공인회계사와 공인회계사회가 현재와 같이 신뢰와 정의의 상징이 된 것도 현실과 타협하지 않으려는 그들 스스로의 확고하고 부단한 노력이 있었기에 가능한 일이었다. 회계사, 변호사, 의사와 같은 전문직업인들은 사회의 변화를 이끌어가는 지도층으로서 개혁이나 변화의 주체가 되어야지 이끌려 가는 객체가 되어서는 안 된다. 한국의 공인회계사들도 사회와 환경, 그리고 제도를 탓하기 전에 내부로부터 자신들의 명예와 위상을 정립시키려는 노력을 해야 한다. 또한 이와 함께 기업의 경영자들과 회계담당자들도 이제 윤리가 경쟁력이라는 인식을 가지고 스스로의 노력을 해야 한다.

2. 본 서의 목적과 구성

회계감사서비스는 공익성을 지닌 준공 공재적인 성격을 지니고 있으므로 정보이용자들에게 신뢰성을 확보하는 것이 무엇보다도 중요하다. 회계감사 서비스의 이러한 특성은 감사인의 자질과 윤리수준이 회계감사의 품질뿐만 아니라 그에 대한 정보이용자의 태도에도 영향을 미칠 수 있음을 의미한다. 1990년대 이후부터 최근까지 빈번하게 발생하고 있는 회계분식 및 부실감 사와 관련된 공인회계사에 대한 책임문제는 감사보고서를 이용하고 있는 모 든 이해관계자들에게 감사인의 윤리수준에 많은 의문을 제기하게 하였다.

특히, 일반인과 투자자들, 기업 경영자, 그리고 공인회계사 사이에는 공 인회계사의 역할과 책임에 대한 인식의 차이가 크다. 따라서 공인회계사 본 연의 임무수행을 위해서는 공인회계사의 사회에 대한 윤리·도덕적 책임과 기능을 강화해야 할 필요가 있다.

이 연구에서는 회계의 신뢰성과 정의를 확립시키기 위해 공인회계사가 스스로 를 자율적으로 규제할 수 있게 해 주는 회계윤리제도에 대한 방향을 제시하고, 아 울러 공인회계사 이외에 회계와 직접적으로 관련이 있는 기업의 회계담당자와 경 영자의 회계윤리수준을 높일 수 있는 방안을 제도적 측면에서 강구하고자 한다.

이를 위하여 본 연구는 4장으로 구성하였다. 제1장은 서론으로서 문제 제기와 연구의 필요성에 대해 설명한다. 제2장에서는 회계윤리와 관련된 현 행의 제반 제도에 대한 실태로서 직업윤리규정, 규제제도, 감리제도, 수임 및 감사보수제도, 그리고 감사인의 자격제도의 현황과 실태, 집단소송제도, 내부자 고발제도 등에 대해 알아보고, 제3장에서는 회계윤리와 관련된 제반 현행 제도상의 문제점을 살펴본 후, 공인회계사의 자율 규제를 가능하게 해 주는 회계윤리제도상의 개선방안을 제시한다. 마지막으로 제4장에서는 본 연구를 요약하고, 향후 연구의 추진방향에 대해서 논의한다.

제2장
회계윤리 관련 제도의 현주소

1. 회계윤리의 기준 – 직업윤리규정

공인회계사 직업윤리규정은 공인회계사들이 업무를 함에 있어 직면하게 되는 윤리적 문제를 해결할 수 있는 행위적인 지침과 정신적인 구심점이라고 할 수 있다. 따라서 본 절에서는 우리나라, 미국, 국제회계사연맹의 직업윤리규정에 대해서 알아보기로 한다.

1.1 우리나라 공인회계사회 직업윤리규정

공인회계사법에 근거한 우리나라의 공인회계사 직업윤리규정은 한국공인회계사회의 내규로서 1961년에 제정되어 1997년까지 8회에 걸쳐 개정되었다. 1997년에 최종 개정된 '공인회계사직업윤리규정'은 총 4개장으로 이루어져 있다.

제1장은 총칙으로서 목적과 윤리강령을 기술하고 있다. 한국공인회계사회 직업윤리규정의 목적은 공인회계사의 품위와 직무수행의 질적 수준을 향상시키고 전문직업인으로서의 공인회계사에 대한 사회적 신뢰를 제고함을 목적으로 하고 있다. 또한 윤리강령에서의 기본윤리관은 독립, 성실, 정직의 세 가지로 규정하고 있다.

제2장에서는 일반적 윤리사항을 기술하고 있다. 2장은 제2조에서 제10조까지의 총 여덟 개의 조항으로서 사명, 품위유지, 회칙 등 준수, 비밀엄수, 부정행위 등의 금지, 보수 광고, 분쟁의 조정신청을 규정하고 있다. 제3장은 제11조에서 제19조까지의 총 아홉 개의 조항으로서 직무수행, 명칭사용, 사무소, 사무소 직원의 고용, 타 회원과 관련된 업무수임, 감사기준, 독립성, 부당 경쟁의 금지, 예측의 금지와 같은 직무에 관한 윤리사항을 규정하고 있다. 마지막 장인 제4장은 제20조에서 제27조까지의 8개의 조항으로서 의결요구, 의결기한, 윤리조사, 청문, 조치 등, 이의신청, 의사록, 기타사항 등과 같은 윤리위원회 등에 대한 내용을 규정하고 있다. 이상과 같은 공인회계사 직업윤리규정은 공인회계사법 제6장(한국공인회계사회) 제43조(윤리규정) 1항(공인회계사회는 회원이 직무를 행함에 있어 지켜야 할 직업윤리에 관한 규정을 제정하여야 한다)에 의해 법으로 강제되고 있는 한국공인회계사회 내규로서 존재하고 있다.

1.2 미국공인회계사회의 직업윤리규정

미국공인회계사회의 직업윤리규정은 현재 비강제 개념(unforceable concepts)인 원칙(principles)과 강제규정인 행위규칙(rules of conduct), 그리고 이러한 규정의 해석 및 규정에 대한 적용사례로 구성되어 있다. 오늘날의 미국공인회계사회의 윤리규정은 수년간 협회에 의해 공표된 의견과 규정, 그리고 성문화된 기준의 결과이다. 직업윤리규정이 현재의 형태를 갖추게 된 것은 1973년이다. 5년간의 연구와 조사 끝에 윤리기준의 성문화는 미국공인회계사회원의 전문직업주의를 강화해 줄 뿐만 아니라, 회원의 서비스에 의존하고 있는 이해관계자들이 갖고 있는 신뢰성도 증대해 주었다.

1906년 AICPA의 전신인 AAPA(The American Association of Public Accountants)는 회원들이 지켜야 하는 윤리기준을 만들기 위한 위원

회를 설립했다. 그 후, 10년이 못되어 이 위원회는 회원들이 윤리기준을 잘 따르는지를 평가하고 고려할 수 있는 권한을 부여받았다. 1916년 AIA(Institute of Accountants in the United States of America)는 이 위원회가 회원들이나 조직이 내는 불만에 귀기울여야 한다는 결정을 했다. 만약 회원이 법이나 행위규정에 어긋나게 행동했다는 사실을 위원회에서 알게 된 경우, 그 회원은 위원회에 출석하여야 했다.

1929년 대공황 이후 규정에 대한 분위기가 고조되었고, 회원들의 행위에 대한 규제와 구조에 대한 노력이 증가되었으며, 1940년에 협회는 위원회에 정보의 원천에 관계없이 회원들의 규정위반사례를 조사할 수 있는 권한을 부여하였다. 오늘날에도 윤리위원회는 1940년대에 윤리위원회가 가졌던 동일한 집행권한을 가지고 있다.

미국공인회계사회의 직업윤리규정은 전체적으로 원칙(Principles)과 규칙(Rules)의 두 부분으로 구성되어 있다. 원칙부분은 규칙에 대한 전체적인 틀(framework)을 제공하여 주고, 규칙은 공인회계사회 회원들이 준수해야 할 윤리규칙을 규정하고 있다. 미국공인회계사회는 규칙에 따라 기술적 기준을 공표하고 공인회계사회의 자체 법에 따라 이러한 규칙과 기준을 준수하는 시스템을 가지고 있다.

직업윤리규정은 기업, 산업, 정부, 교육 등의 분야에서 전문가적인 책임을 수행하고 있는 공인회계사회 회원들을 위한 기준과 규정을 제공해 주며, 회원들은 이러한 지침과 규정을 이해함으로써 자발적으로 스스로의 명예와 도덕을 지키는 방향으로 행동하게 된다. 또한, 회원들이 이러한 기준과 규정을 위반했을 시에는 엄격하게 징계를 하게 된다.

미국공인회계사회의 직업윤리규정은 세부적으로 다음 여덟 부분으로 이루어져 있다.

① Introduction(서론)
② Section 50-Principles of Professional Conduct(전문적 행위의 원칙)

③ Section 90-Rules: Applicability and Definitions(규칙: 적용
   과 정의)

④ Section 100-Independence, Integrity, and Objectivity(독립
   성, 성실성, 객관성)

⑤ Section 200-General Standards Accounting Principles(회
   계원칙의 일반기준)

⑥ Section 300-Responsibilities to Clients(고객에 대한 책임)

⑦ Section 400-Responsibilities to Colleagues(동료에 대한 책임)

⑧ Section 500-Other Responsibilities and Practices(기타 책임
   과 실무)

1.3 국제회계사연맹의 직업윤리규정

국제회계사연맹(IFAC: International Federation of Accountants)
은 113개국에 153개 단체가 있는 조직으로서 전세계 200만 회계사를 대표하
는 국제조직이다. 국제회계사연맹의 주요 목표는 전세계의 공인회계사들이 정
보이용자들을 위해 고급의 회계서비스를 제공할 수 있도록 회계전문직을 개발
하고 기준을 일치시키는 것을 목표로 한다. 국제회계사연맹위원회는 모두 아
홉 개의 위원회로 구성되어 있는데, 그중 윤리위원회(Ethics Committee)
에서 직업윤리규정을 관할하고 있다. 윤리위원회는 회계사들의 직업윤리규정
에 대한 이해를 돕고 실무상에서의 윤리적인 문제에 대한 지침을 제공하는 역
할을 하고 있다. 이를 위해 윤리위원회는 윤리적인 문제에 대한 광범위한 토
론을 이끌어가고 있으며, 이를 통해 회계사들이 업무를 함에 있어서 직면하게
되는 어려움을 해결하는 데 노력하고 있다.

국제회계사 연맹(IFAC)의 윤리규정(Code of Ethics for Professional
Accountants)은 1996년에 제정되어 1998년에 수정되었다. 윤리규정은

다음의 내용으로 이루어져 있다.

① Definitions(용어정의)

② Introduction(서론)

③ The Public Interest(공익)

④ Objectives(규정의 목적)

⑤ Fundamental Principles(기본원칙)

⑦ The Code(규정)

⑧ Part A-Applicable to All Professional Accountants(전체 회계사에게 적용되는 규정)

⑨ Part B-Applicable to Professional Accountants In Public Practice(공공부문 회계사에게 적용되는 규정)

⑩ Part C-Applicable to Employed Professional Accountants (고용 회계사들에게 적용되는 규정)

국제회계사연맹의 직업윤리규정을 살펴보면, 먼저 용어정의 부분에서는 직업윤리규정에 자주 등장하는 용어들에 대한 설명을 하고 있다. 그리고 서론에서는 직업윤리규정의 취지와 배경 등에 대해서 설명하고 있으며, 다음 공익부문에서는 회계전문직 종사자들의 공익에 대한 책임을 강조하고 있다. 규정의 목적 부분에서는 정보이용자와 공익을 위한 높은 수준의 서비스의 제공이라는 목표를 달성하기 위해 신뢰성(credibility), 전문가주의(professionalism), 서비스의 품질(quality of services), 확신(confidence)이라는 네 가지 기본사항을 요구하고 있다. 기본원칙에서는 성실성(integrity), 객관성(objectivity), 적격성과 주의 의무(professional competence and due care), 비밀유지(confidentiality), 전문가적 행위(professional behavior), 기술적 기준(technical standards)의 6가지 기본원칙에 대해서 설명하고 있다.

직업윤리규정은 모두 A, B, C 3부분으로 이루어져 있는데, 규정 부분에서 이를 자세히 설명하고 있다. A부분(part-A)은 모든 회계전문직 종사자에게, 그리고 B부분(part-B)은 공공실무에 종사하는 회계사들에게, 마지

막으로 C부분(part-C)은 기업이나 공공부문에 고용된 회계사들에게 적용
되는 윤리규정을 기술하고 있다.

　이와 같이 국제회계사연맹 직업윤리규정은 우리나라의 직업윤리규정과는
달리 공인회계사, 공공부문회계사, 기업의 내부 회계사 모두에 대한 윤리기준
을 제공하고 있다. 또한 윤리규정의 내용에 있어서도 우리나라와 같은 법률
조항과 같은 형식이 아니라, 하나의 주제 또는 기준을 제시하고 그에 대한
설명과 해설을 하는 형식으로 되어 있어 우리의 것과는 많은 차이가 보인다.

2. 회계윤리 관련 규제제도

　현행감사제도상의 규제는 감사인의 자율적인 규제제도와 정부의 강제적인
규제제도로 구분된다. 감사인의 자율적인 규제라 함은 감사인이 집단적으로
효과적인 감사를 실시하기 위하여 자발적으로 규제를 입안·준수하는 것을
뜻하고, 정부의 강제규제는 외감법에 의한 타율규제를 의미한다. 따라서 우
리나라 감사제도상의 규제는 외감법에 의한 타율규제와 회계감사기준과 직
업윤리규정 등에 의한 자율 규제를 모두 받는 특징을 갖고 있다고 볼 수 있
다. 자율 규제를 위해 제정된 직업윤리규정에서는 공인회계사가 전문직업인
으로서 독립, 성실, 정직의 정신을 갖고 업무를 수행하여 공인회계사에 대
한 사회적 신뢰를 높일 것을 요구하고 있다.

　이를 위해 우리나라에서는 만약 윤리규정에 위반되는 행위가 발생하면 다
음과 같은 단계별 조치를 하도록 규정하고 있다.

　첫째, 공인회계사회 산하에 설치된 윤리조사위원회가 조사한 후, 첫째,
경고·주의·회원권리 정지 등의 경징계는 동위원회가 직접 내리고, 둘째,
약간 더 과중한 1년 이하의 업무 일부에 대한 직무정지, 견책 등에 해당되

는 사항은 윤리위원회에 회부해 토론을 거쳐 결정한다. 셋째, 특정회사 회계감사 참여제한, 감사보수 한도 내 손해배상기금 적립, 회계사 직무정지, 등록 취소나 회계법인 인가 취소, 회계법인 업무정지 등의 엄중한 처벌을 요하는 것은 금융감독위원회 산하의 증권선물위원회에 제재를 건의토록 하고 있다. 넷째, 회계사 등록 취소, 직무정지, 법인 인가 취소, 영업정지 등은 증권선물위원회가 재경부에 다시 건의해 재정경제부가 제재를 결정하고 있다.

결국, 엄중한 처벌을 요하는 부정이 적발되었을 경우 두 단계나 더 거쳐야 하고 그러기 위해서는 상당히 긴 시간이 흘러야 징계가 결정되는 불합리한 제도라 할 수 있다. 또한 그것도 거래소의 상장회사와 코스닥 등록 회사들에 대해서는 금융감독원이 감리한 후 증권선물위원회와 재정경제부를 통해 제재조치를 내린다. 이를 도시하면 〈그림 1〉과 같다.

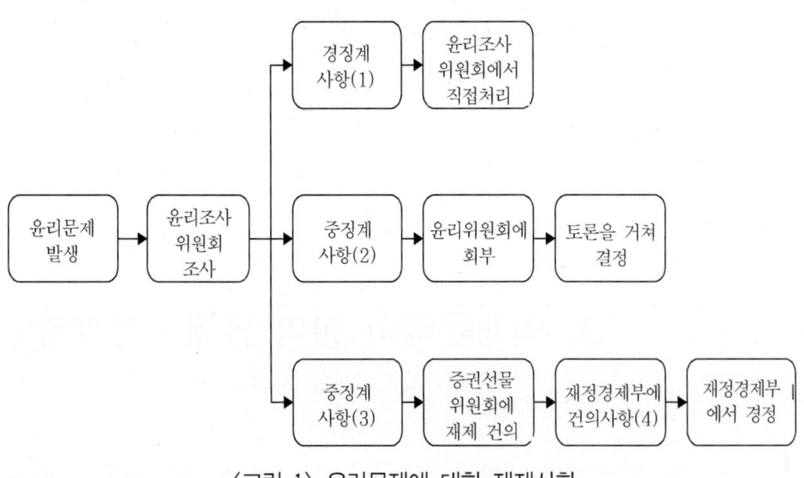

〈그림 1〉 윤리문제에 대한 제재사항

(1) 경징계 처분: 경고 · 주의 · 회원권리 정지
(2) 중징계 처분: 1년 이하의 업무 일부에 대한 직무정지, 견책 등

(3) 중징계 처분: 특정회사 회계감사 참여제한, 감사보수 한도 내 손해
배상기금 적립, 회계사 직무정지, 등록 취소나 회계법인 인가 취소,
회계법인 업무정지 등
(4) 재정경제부 건의사항: 회계사 등록 취소 직무정지, 법인 인가 취소
영업정지

지금까지의 중요한 중징계의 실적을 보면, 윤리위반 여부의 심사를 위해
여러 단계를 거치는 동안 학연·지연 등을 통한 온갖 로비로 인해 규정에
따른 징계를 내린 경우는 거의 없는 실정이다. 즉, 심사과정에서 감사시간
과 감사보수 문제와 같이 환경적인 요인에 대한 변명이 반복되면서 윤리규
정에 의한 징계의 본질이 흐려짐에 따라 결국 있으나 마나한 제재로 그치는
경우가 대부분이었다.

실제로 1997년 IMF의 직접적인 계기가 된 기아사태 이전에는 공인회계
사에 대한 처벌은 대부분이 경고와 주의였고, 처벌 횟수도 고작 몇 건 정도
로 미미했다. 재정경제부 차원의 처벌도 없었으며, 가끔 증권선물위원회에
서 몇 차례 있었을 정도였다.

3. 회계윤리의 질적 통제 – 감리제도

감리제도는 감사인이 실시한 회계감사의 전반적인 과정을 외부의 제3자
가 다시 검토하여 실시된 감사절차와 표명된 감사의견의 적정성을 평가하는
제도이다. 이러한 감리제도는 회계감사의 공정성을 확보하고 감사보고서에
대한 이해관계자의 신뢰성을 제고하기 위하여 당해 감사인과는 독립된 제3
자인 외부감리인이 감사보고서, 감사조서 및 감사인의 조직에 관한 사항을

포함한 감사업무 수행 전반에 대하여 비판적으로 검토하여 그 적부에 대한 평가의견을 표명하는 것이다. 따라서 감리제도는 감사인이 회계윤리를 지키기 위한 질적 통제의 수단이 될 수 있다.

외부감리제도의 운용은 감사인으로 하여금 감사절차의 적용에 좀더 주의를 기울이도록 유도하며, 감사의견의 형성에 공정성을 기하도록 함으로써 회계감사에 대한 사회적 신뢰를 높일 수 있게 된다. 우리나라의 감리제도는 한국공인회계사회에 의한 자율 감리와 증권선물위원회에 의한 공적 감리의 두 가지로 구성되어 있다.

그 변천과정을 간단히 소개하면, 1980년 12월 31일에 제정된 외감법에 의거하여 1982년 증권감독원 내에 감리국이 설치되면서 출범한 공적 감리기능은 1993년 12월 31일 동 외감법의 개정에 따라 증권관리위원회(현 증권선물위원회)의 감리업무를 한국공인회계사회 내에 회계감사감리위원회가 설치되어 회계감사감리업무 규정을 제정하고 상장법인과 공개예정법인 이외의 회사에 대한 위탁감리 실시가 시작되었다. 그 후 외감법의 추가 개정으로 위탁감리기능이 더욱 강화되어 회계감사감리위원회를 감리 실시 전담기구로 확대 개편하고 감리위원 전원을 상근체제로 전환하였고, 한국공인회계사회 내에 회계감사심의위원회(심의의결기구)를 신설하여 위탁감리결과의 심의를 통해 감사인 및 공인회계사에 대한 자율적인 조치를 하면서 현재에 이르고 있다.

3.1 한국공인회계사회의 자율 감리

한국공인회계사회의 자율 감리는 증권선물위원회에서 위탁한 범위 내에서 주로 협회등록법인(비상장법인 포함)의 감사보고서에 대해 이루어지는 감리로 회계감사심리위원회가 담당하고 있다. 한국공인회계사회는 감사인의 감사보수 중 일부를 총리령이 정하는 바에 의하여 감리업무수수료로 징수할

수 있다. 회계감사심리위원회의 심리대상은 감사인의 감사보고서 중 다음의
사항으로 공인회계사회 회장이 요구하는 것으로 한다.

① 재정경제부장관이 의뢰한 사항

② 이해관계인이 의뢰한 사항

③ 부실감사의 정보가 있는 사항

④ 한국공인회계사회장이 필요하다고 인정한 사항

감사보고서의 심리는 일반심리와 특별심리, 그리고 약식심리로 구분하는
데 그 내용은 다음과 같다.

① 일반심리: 감사보고서와 감사조서를 대상으로 실시하는 심리

② 특별심리: 감사보고서와 감사조서를 대상으로 실시하되 일반심리의 경
　　우에 비하여 그 내용과 절차에 있어서 보다 강화된 심리

③ 약식심리: 감사보고서만을 대상으로 실시하는 심리

심리의 준거가 되는 기준은 다음과 같다.
① 주식회사의 외부 감사에 관한 법률 및 동법 시행령

② 기업회계기준과 동 기준에 관한 준칙 및 예규

③ 회계감사기준과 회계감사준칙

④ 증권선물위원회와 한국공인회계사회가 제정한 제 규정

⑤ 기타의 관계법규

회계감사심리위원회의 심리는 서면심리를 원칙으로 하며, 위원회가 필요
하다고 인정하는 경우에는 감사를 행한 감사인을 출석시켜 질문하거나, 보
충증거자료의 제출을 요구할 수 있다. 회계감사심리위원회는 심리결과를 적
정, 주의환기요구, 윤리위원회에 회부요구의 세 가지로 판정한다. 다만 회
계감사심리위원회가 필요하다고 인정하는 경우에는 이러한 판정에 추가하여
감사보고서 또는 감사조서의 정정을 요구할 수 있다. 공인회계사회는 연간

감리계획, 감리 및 조치 결과를 증권선물위원회에 보고한다(외감법 시행령 제9조).

3.2 증권선물위원회의 공적 감리

증권선물위원회의 공적 감리는 상장법인(공개예정법인 포함)을 대상으로 하며, 감사보고서 감리와 감사인의 감리운영에 관한 감리(조직 감리)로 구분된다. 감사보고서 감리는 일반감리와 특별감리, 그리고 수시감리로 구분되는데 그 내용은 다음과 같다.

① 일반감리: 표본추출 방법 등에 의하여 선정된 감사보고서에 대하여 실시하는 감리

② 특별감리: 중대한 분식회계 및 부실감사정보가 있는 회사 등의 감사보고서에 대하여 실시하는 감리

③ 수시감리: 기업공개예정회사 등의 감사보고서에 대하여 실시하는 감리

또한, 감사인의 업무운용에 관한 조직 감리는 일반감리와 특별감리로 구분한다. 일반감리는 표본추출의 방법에 의하여 선정된 감사인에게 실시하는 감리를 말한다. 그리고 특별감리는 감사인의 업무가 현저히 부당하게 운영되고 있다고 판단되는 감사인에 대하여 실시하는 감리를 말한다.

여기서 일반 감리대상회사의 선정방법은 분식위험을 고려하여 필수선정단계와 표본선정단계로 나누어진다. 첫 번째, 필수선정단계에서는 부채비율이나 재고자산비율, 최대주주 등에 대한 현금대여금의 비율이 동업종의 기업 중에서 가장 높은 기업이 자동적으로 선정된다. 두 번째, 표본선정단계에서는 장기간(보통 5년간) 감리를 받지 않았거나 회계처리방법을 변경한 기업, 매출액에 대한 당기순손익의 비율이 낮은 기업 등의 2개 그룹으로 나누어 표본으로 선정한 후 그 이외의 기업을 대상으로 잔여선정을 하게 된다. 대

상 선정 시 직전 3사업연도 중 감리를 받은 적이 있는 기업이나 감사의견이 부적정 또는 의견거절인 기업은 감리대상에서 제외된다.

감리의 방법은 서면감리와 실지감리로 나눌 수 있다. 서면감리는 감사보고서, 감사조서 및 관계서류와 감사인의 감사업무운영에 관한 제반 서류 등을 조사·검토하는 방법을 말하며, 실지감리는 감사인의 사무소에 실제로 임하여 필요한 사항을 직접 조사·검토하는 방법을 말한다. 감사보고서 감리는 서면감리에 의함을 원칙으로 하며, 다만 필요하다고 인정하는 경우에는 실지감리를 실시할 수 있다.

감사업무를 수행함에 있어 준거하여야 할 감리기준은 다음과 같다.

① 주식회사의 외부 감사에 관한 법률·동법 시행령 및 시행규칙

② 기업회계기준

③ 회계감사기준

④ 공인회계사법·상법 및 증권거래법 등 관련법령

⑤ 외부 감사업무에 관한 재정경제부고시, 금융감독위원회의 규정 또는 명령 및 공인회계사회의 내규 등

감리결과 중요한 지적 사항은 금융감독원장이 증권선물위원회에 부의하며, 경미한 감리지적 사항의 처리는 증권선물위원회 위원장에게 위임하여 처리한다. 감리결과에 대한 조치는 감사인, 관련 공인회계사, 감사대상회사로 나누어서 이루어지는데 그 지적 사항의 중요도에 따라서 다음과 같이 결정된다.

① 감사인에 대한 조치

  ㉠ 재정경제부장관에의 처분 건의

   • 회계법인의 설립인가 취소

   • 회계법인에 대한 일정기간의 업무정지

   • 감사반의 등록 취소 요구

  ㉡ 특정회사에 대한 감사업무제한

  ㉢ 경고 또는 주의

　　　ㄹ 사과문, 공고요구, 시정요구 기타 필요한 조치
　② 공인회계사에 대한 조치
　　　ㄱ 재정경제부장관에의 처분 건의
　　　　●등록 취소
　　　　●일정기간의 직무정지
　　　ㄴ 특정회사에 대한 감사업무의 제한
　　　ㄷ 경고 또는 주의
　　　ㄹ 각서징구 기타 필요한 조치
　③ 감사대상회사에 대한 조치
　　　ㄱ 일정기간 유가증권의 발행제한
　　　ㄴ 감사인의 지정 또는 변경요구
　　　ㄷ 임원의 해임권고
　　　ㄹ 시정요구
　　　ㅁ 사과문 공고요구, 각서징구 등 기타 필요한 조치

3.3 상호 감리제도

　한국공인회계사회는 공인회계사법시행령 제9조의 규정에 따라 상호 감리 (peer review)제도를 실시하였다. 상호 감리제도는 공인회계사회가 자율적으로 회계감사 결과를 감리하는 시스템으로, 상호 감리기준을 마련하고 감리계획을 수립하기 위해 민간전문가들로 구성된 상호 감리위원회를 설치하였다. 상호 감리위원회는 회사 및 회원감사인에 대한 자료제출 요구권이 부여되어 있으며, 아울러 공인회계사에 대한 징계조치권한도 갖고 있다. 동 위원회는 회계감사 결과를 감리한 후 그 결과를 증권선물위원회에 보고하며, 증권선물위원회는 사후제재 등 필요한 조치를 시행하게 된다. 정부에서 제시하고 있는 상호 감리제도의 운영방안은 다음 〈그림 2〉와 같다.

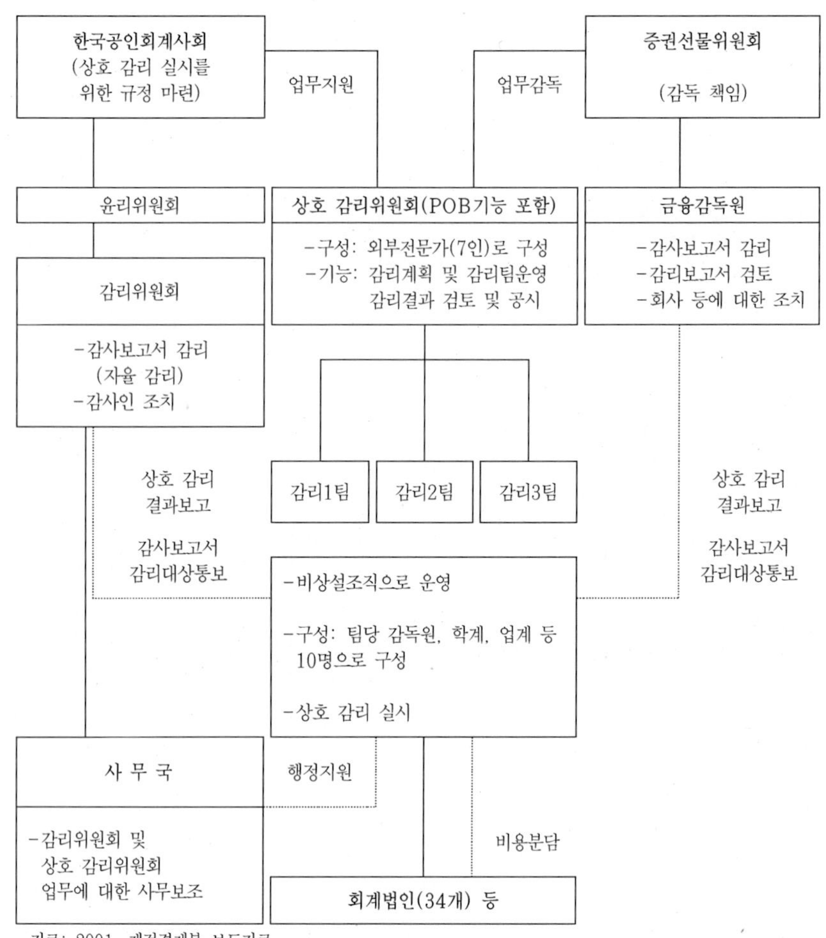

자료: 2001, 재정경제부 보도자료

〈그림 2〉 상호 감리제도의 운영방안

4. 감사인의 독립성 – 선임과 보수제도

감사인의 독립성이란 감사절차의 수행으로부터 얻은 감사증거의 평가 및 감사보고서의 작성에 이르기까지 감사대상회사의 영향이나 지배를 받지 않고 공정한 견해를 유지하는 것과 외관상으로 독립성에 의문을 초래할 만한 이해관계가 있는 경우에는 당해 감사에 관여하여서는 안 된다는 것을 말한다. 이러한 독립성은 감사인 선임과 보수제도 등에 의해 영향을 받는다.

4.1 감사인 선임제도

증권거래법 규정에 의하여 상장법인이 공인회계사의 감사를 받게 된 1963년부터 외감법이 시행된 1982년 전까지의 감사인 선임제도는 배정제도였다. 당시에는 한국공인회계사회가 각 회계법인과 회계감사반의 소속 공인회계사의 수를 기준으로 하여 감사대상회사를 배정하였으며, 감사보수는 기업의 자산규모에 따라 일률적으로 정하여졌다. 이러한 배정제는 감사인을 보호하여 감사인이 독립성을 확보할 수 있게 하기 위한 의도로 실시되었다. 감사인을 보호한 이유는 그 당시 한국공인회계사회의 역사가 일천하여 그 기능이 미약하였고, 또한 공인회계사의 감사경험이 축적되지 못하여 이들의 조직 및 재정기반이 취약하여 피감사회사와 불균형 상태에 있었기 때문이다.

그러나 이러한 배정제는 다음과 같은 문제점이 있었다.

첫째, 공인회계사 간의 선의의 경쟁에 의한 감사의 질적 향상을 가져오지 못했으며,

둘째, 감사업무가 조직화·체계화되기보다는 일개 기업의 감사업무가 감사인별로 분업화되어서 감사의 효율성을 제고하지 못하였고,

셋째, 감사보수가 피감사회사의 특성에 관계없이 결정되어 감사보수결정

에 계속감사에 의한 감사의 효율성제고가 감안되지 않는 문제점이 있었다.

공인회계사의 감사경험이 축적되고 피감사회사가 증가함에 따라 감사업무의 조직화를 유도하기 위하여 1982년부터는 외감법 제4조에 의하여 제한된 자유수임제도를 도입하게 되었다. 제한된 자유수임제는 피감사회사가 감사인을 선정하고, 감사인은 그 규모에 따라 감사할 수 있는 회사의 규모(수임제한제) 및 연간 감사할 수 있는 회사의 총수(수임량한도제)를 제한한다. 또한 1991년부터는 자유수임제에 더하여 피감사회사의 요청이 있을 경우 증권선물위원회가 감사인을 지명하거나 변경 선임하는 지정제가 도입되었다.

이와 같은 자유수임제도는 다음과 같은 목적을 위하여 실시되었다.

첫째, 감사법인의 대형화를 통한 피감사회사와의 균형을 유도하는 한편, 감사업무를 조직화하여 감사업무의 질적 수준을 향상한다.

둘째, 피감사회사로 하여금 감사인을 선정하도록 하여 감사인간의 경쟁을 유도함으로써 감사업무의 효율성을 제고한다.

셋째, 감사보수를 자산규모에 의하여 일률적으로 정함으로써 감사인의 수임을 보장하고 나아가서는 피감사회사의 부담을 일정수준에서 제한한다.

4.2 감사인선임위원회제도

현재 우리나라의 상장법인·코스닥법인 및 30대 계열회사가 외부 감사인을 선임하는 데 있어 최종적으로 결정하는 역할을 하고 있는 것은 감사인선임위원회이다. 과거에는 감사인 선임 시 감사인선임위원회가 제청하고 주주총회가 최종 승인하는 절차를 거쳤지만, 감사인 선임과정에서 대주주의 영향력을 배제하고 독립성이 높아질 수 있도록 개정되었다(외감법, 2001. 2. 28).

외감법 시행령에 근거하여 제정된 '외부 감사 및 회계 등에 관한 규정' 제8조의 감사인선임위원회의 구성원은 당해 회사의 감사 2인 이내, 증권거래법에 의하여 선임된 사외이사가 있는 회사의 경우에는 사외이사 중 2인 이

내, 지배주주 및 그와 특수관계가 있는 주주를 제외한 주주 중에서 의결권 있는 소유주식수가 가장 많은 주주 2인, 지배주주 등을 제외한 채권자 중 채권액이 가장 많은 2개의 금융기관의 장이 각각 추천하는 자로 구성되어 있다.

감사인선임위원회의 주된 임무는 외부 감사인의 선임 및 보수의 결정 등을 통하여 외부 감사인의 독립성을 강화하고 회사와 외부 감사인 사이의 창구역할을 수행함으로써 효율적인 감사에 기여하며 회사의 내부 통제시스템을 정비하는 것이라고 할 수 있다. 감사인선임위원회제도가 갖는 장점으로는 독립성과 전문성, 책임감의 확보를 들 수 있다.

4.3 보수제도

우리나라의 회계법인의 수임한도는 회계법인의 공인회계사 수를 기준으로 100인 이상인 회계법인은 피감사회사의 자산의 규모에 관계없이 감사가 가능하고, 100인 미만인 경우에는 자산규모가 8000억 미만까지인 회사를, 그리고 감사반은 500억까지 가능하게 되도록 되어 있다. 또한 감사보수체계는 1999년 2월까지 자산규모에 따라 결정되는 기본보수와 기타요인으로 결정되는 가산보수로 구성되어 있었다. 기본보수는 피감사회사의 자산규모에 따라 비례적으로 결정되나 그 금액은 체감적으로 증가한다. 가산보수는 사업장의 수, 상장법인 및 등록법인 여부, 감사인 변경여부 등에 의하여 책정된다. 사업장의 수는 피감사회사의 본사와 분리된 각 공장, 영업소(지점 및 출장소 포함), 장기건설 공사현장 등을 각각 한 단위의 사업장으로 하여 사업장의 수에 따라서 기본보수에 각각의 가산율을 적용한다. 상장법인 및 등록법인인 경우에는 기본보수와 사업장의 수에 따른 가산금을 합한 금액에 상장법인인 경우에는 19%, 등록법인인 경우에는 14%를 가산한다.

초도감사인 경우에는 계속감사보다 감사업무량이 많기 때문에 기본보수에

사업자와 상장법인 및 등록법인에 대한 가산금의 합계액에 10%를 가산한다. 외국어 직무수행 및 외국어 보고서 작성의 경우, 외국어로 감사업무를 수행하거나 외국어 감사보고서를 작성하는 법인에 대해서는 앞서 언급한 기본보수 및 가산보수의 합산금액에 50%를 가산한다. 연결재무제표 감사의 경우, 연결재무제표가 있는 법인에 대해서는 앞서 언급한 기본보수 및 가산보수 합계 금액에 10%를 가산한다. 이상과 같은 가산보수 규정을 둔 것은 추가되는 감사업무에 대하여 보상을 해 주기 위한 것이라고 할 수 있다.

그러나 피감사회사의 고유위험은 소속업종과 회사자체의 특성에 따라 다르며, 통제위험은 기업 정보화의 정도, 내부 통제구조 및 그 운영에 따라 다르다. 따라서 감사적발위험은 피감사회사에 따라 다를 수밖에 없다. 피감사회사의 자산규모에 따른 일률적인 정액보수는 피감사회사의 특성에 따라 상이한 감사위험을 감안하지 않고 결정되기 때문에 질적으로 우수한 감사를 하기 위하여 필요한 인력과 시간의 투입에 제약을 주게 된다. 또한 이러한 일률적인 감사보수제도는 피감사회사의 특성상 감사위험이 크고 감사업무가 복잡한 피감사회사의 감사보수를 그렇지 않은 피감사회사가 보조하는 격이 되어, 감사보수부담에 있어서 공평성의 원칙에 어긋난다. 이러한 감사보수 규정은 감사대상회사의 질적 특성에 따른 감사위험에 대한 보상을 하지 못하는 등 많은 문제점을 지니고 있는 것으로 지적된다(오우철, 2000).[7] 현재의 보수규정은 감사인 자율 규제의 근본이 되는 감사업무의 개선을 위한 지속적인 조사연구 및 교육훈련 활동의 전개, 그리고 자율적인 감리를 위한 재원조달에는 미흡한 것으로 판단된다. 특히, 부실감사에 대한 집단손해배상청구소송에 대비한 책임보험제도가 시급한 실정이나 보험료가 보수에 반영되고 있지는 않은 상태이다. 이러한 상황에서 자율적인 규제에 의한 감사업무의 질적 향상이나 감사인의 엄격하고 철저한 전문직업인으로서의 윤리준수를 기대하기는 힘들다.

---

7) 오우철, 2000, "감사인 규모와 감사인 집중수준의 변화추세: 소속 공인회계사 수에 근거한 분석", <u>회계저널</u>(제9권 제1호): 129-159.

5. 전문인의 윤리자질 - 자격제도

　최근 금융감독원에서 밝힌 1996년 기준 주요국가별로 공인회계사의 수를 비교한 자료에 따르면, 우리나라는 인구 10만 명당 공인회계사의 수는 7명으로 선진국은 물론 필리핀(31명), 대만(17명) 등에 비해서도 현저히 낮은 수준에 불과하다. 이에 비해 감사인이 제공하게 될 서비스의 영역이 확대됨에 따라 공인회계사에 대한 수요가 빠르게 증가하고 있다. 예를 들어 민간부문에 대한 경영자문 업무의 확대, 분기재무보고의무화에 따른 재무제표 검토업무 확대 및 공공부문에서의 수요증대 등으로 공인회계사가 담당해야 할 업무영역이 기하급수적으로 증가하고 있다. 따라서 공인회계사의 공급은 예전과 비교하여 상당수준 증가되어야 한다는 사실을 감안하여 공인회계사 자격제도에 대한 수정이 요구된다.

　우리나라 공인회계사의 자격은 증권감독원이 주관하여 연 1회씩 실시하는 제1차 및 제2차 필기시험에 합격한 사람에게 재경부 장관이 부여하되, 공인회계사로서의 업무를 개시하기 위해서는 2년 이상 회계법인 등에서 실무수습을 마친 후 공인회계사회에 등록하도록 요구하고 있다. 공인회계사 자격시험은 재경부 장관이 실시하지만 실무적인 절차는 금융감독원이 관장하고 있다. 금융감독원은 매년 1회씩 실시하는 제1차 및 제2차 시험을 위하여 시험 시행시마다 학계 및 실무공인회계사들로 구성된 시험위원회를 통해 각 과목별로 출제와 채점을 담당케 하고 있다. 1차 시험에서는 과목당 100점을 만점으로 하고 각 과목 40점 이상, 전 과목 60점 이상을 얻은 응시자 중에서 총득점에 의한 고득점자순으로 매년 일정한 인원을 합격자로 결정한다. 당년도 1차 시험 합격자와 전년도 합격자는 주관식으로 출제되는 2차 시험에 응시할 수 있는데, 2차 시험에서는 각 과목 40점 이상, 평균 60점 이상자 전원을 합격자로 하거나 선발예정인원을 미리 공고한 경우에는 매 과목 40점 이상을 얻은 응시자 중에서 전 과목 총득점에 의한 고득점자순으로 합격자를 결정하고 있다.

또한 외국의 공인회계사 자격을 가진 자는 소정의 자격시험을 친 후, 재경부장관의 인가를 받아 공인회계사의 자격을 취득할 수 있게 하여 외국의 공인회계사 자격을 자동 인정하지 않고 있다. 외국회계사에 대한 업무제한은 다음과 같다.

1) 외국회계사의 국내 감사업무를 포함한 전문 서비스업무 제공제한
2) 외국회계법인의 한국회계법인에 대한 자본투자 제한
3) 외국회계법인의 지적소유물에 대한 대가지급의 불인정

이러한 제한에 대하여 주한 미국상공회의소는 회계시장을 개방할 것을 요구한 바가 있다.

6. 회계윤리와 주변윤리의 공조 – 집단소송제도와 내부자 고발제도

공인회계사의 윤리수준을 높이기 위해서는 공인회계사와 관련된 제도를 개혁하는 것도 중요하겠지만, 공인회계사의 윤리수준에 가장 큰 영향력을 행사할 수 있는 기업 경영자와 내부 회계사의 윤리수준을 함께 높이는 것 또한 중요하다. 우리나라에 있어 피감사회사의 경영자는, 공인회계사가 감사업무를 수행하는 데 있어서 많은 압력을 가할 수 있는 위치에 있는 것이 사실이다. 또한 내부 회계사의 경우에도 공인회계사에게 경영자만큼의 압력을 행사할 수 있는 것은 아니지만, 마음만 먹는다면 공인회계사의 업무를 방해하거나 어렵게 만들 수 있다. 또한 내부 회계사는 그 자신이 원하지 않는다 하더라도, 경영자의 명령에 따를 수밖에 없기 때문에 기업 내에서는

공인회계사보다 독립성이나 윤리수준이 더 요구되는 것이 현실이다. 이러한 현실에서 경영자와 내부 회계사의 윤리수준을 높이기 위한 제도적 장치로는 집단소송제와 내부자 고발제도를 들 수가 있다.

6.1 집단소송제

주가조작, 분식회계 등의 증권시장에서의 불법행위들은 개별 투자자들에게 막대한 피해를 끼치지는 못한다고 하더라도 전체적으로 보면 행위자에게는 엄청난 이득을 가져다준다. 그렇지만, 피해를 입은 투자자들은 소송에 따른 물질적, 정신적 부담 때문에 대개 손해배상소송을 제기하지 못하고 포기하는 경우가 대부분인데, 이로 인해 불법행위를 저지른 자들은 막대한 이득을 누리고 있으며 우리의 증권시장에서는 불법행위가 반복적으로 발생하고 있다. 현재 참여연대와 국회의원들이 국회에 제기해 놓은 증권집단소송제는 분식회계, 주가조작, 내부거래, 허위공시 등 증권거래법상 명백히 불법행위로 규정되어 있는 행위로 인한 피해를 본 투자자들이 효과적으로 피해를 배상받을 수 있도록 해 주는 제도이다. 이러한 증권집단소송제도는 불법행위를 저지른 사람에 대해 엄격하게 책임을 지게 함으로써, 증권시장에서의 불법행위를 사전에 방지하는 유인효과가 있고 사후적으로도 피해를 본 투자자들을 보호하는 효과가 있다.

증권관련 집단소송제란 주가조작·분식회계·내부거래·허위공시 등 기업의 악의적 증권거래법 위반행위로 피해를 본 주주가 해당 기업을 상대로 소송을 제기해 승소하면, 같은 피해를 입은 다른 주주들도 함께 보상을 받게 하는 제도다. 즉, 기업이 거짓말(허위공시)을 하거나, 이익이 실제보다 많은 것처럼 회계장부를 꾸미는(분식회계) 경우가 있는데, 이것을 모르고 투자한 일반인들은 나중에 사실이 드러나면 주가가 떨어져 손해를 보게 된다. 이때 주주들이 집단소송을 낼 수 있도록 하자는 것이다.

법조계와 학계, 시민단체 등은 오래전부터 집단소송법 도입의 필요성을 인식하고 제도 도입을 위한 여러 가지 준비들을 하여 왔다. 정부에서도 지난 96년 법무부 산하에 민사특별법제정특별위원회를 구성하여 집단소송법시안을 만들고 도입을 추진한 바 있으며, IMF 구제금융당시 세계은행이 투자자보호를 위해 차관조건으로 제시한 '증권관계집단소송제도' 도입을 공언한 이래 증권거래분야에 한정한 집단소송의 도입이 활발히 논의되어 왔다. 정부는 지난해 10월 공청회 등을 열어 각계의 여론수렴을 거쳤고, 지난해 말 발표한 '2001년 경제운용 계획'에서도 올해 안에 법을 고쳐 2002년부터 자산규모 2조 원 이상의 상장·등록기업을 대상으로 집단소송제를 단계적으로 도입한다는 방침을 밝혔다.

6.2 내부자 고발제도

내부고발제도란 조직 내부에서 이루어지는 부조리나 비리사실을 조직 내부자가 고발하거나 비리 사실 등을 폭로했을 때 생길 수 있는 문제들을 법적으로 보호해 주는 제도를 말한다.

미국의 경우, 내부고발의 제도적 보호는 정부의 비밀주의와 공직자의 윤리적 문제에 관해 논의하는 가운데에서 출발하였으나, 직접적인 계기는 미국 정부를 괴롭혔던 많은 부패 스캔들의 결과라고 하겠다. 미국의 미시간주의 경우 (내부고발자 보호법)(Whistleblowers' Protection Act, 1981)이라는 특별법을 제정하여 두고 있다. 이 법의 목적은 주, 지방자치단체 또는 연방법률의 위반이나 그러한 의심을 보고하는 고용인들과 청문회, 조사 또는 법원의 활동에 참여하는 고용인들에 대한 보호의 제공이다.

(내부고발자보호법)하에서의 고용인은 주정부나 정치적 하부 조직(Political subdivision)에 의하여 고용된 사람을 모두 포함하나 기밀 취급 공무원은 예외이다. 이 법은 고용인 또는 고용인을 대표하여 행동하는 사람이 문서

또는 구두로 법률, 규정 또는 규칙의 위반이나 그러한 의심을 보고하거나 그렇게 하려고 한다는 이유로 고용주가 고용인들에 대하여 고용상의 보수, 고용기간, 조건, 근무지 또는 특전들에 관하여 해고, 위협 또는 차별을 두지 못하도록 금지하고 있다. 또 법원이 동법에 따른 행위라고 판단할 때, 법원은 적절하다고 생각하는 고용인의 복직, 연체 임금의 소급지급, 부가급부와 선임자 권리(Seniority Rights)의 충분한 회복, 실제적인 손해, 또는 이러한 구제 방법들의 복수적 사용에 관하여 명령할 권한을 인정받고 있다. (내부고발자 보호법)은 이외에도 고용인들이 이 법하에서의 자신들의 보호와 의무에 대하여 알고 있도록 공고하거나 적절한 수단을 사용하여야 하는 고용주의 의무 등을 규정하고 있다(박흥식, 1993).

다수의 주(州) 정부들이 내부고발자를 보호하기 위한 특별법을 두고 있는 것은, 내부자의 호루라기 소리에 대하여 보다 폭넓은 보호를 제공하고자 하는 목적을 가지고 있다. 대체로 이러한 법률들은 내부고발의 신분 보장과 그들에 대한 보복을 막는 데 초점을 두고 있다. 이러한 법들은 고발행위에 대하여 금전적 대가를 지불하지 않는다.

제 3 장
회계윤리 관련 제도의 문제점과 개선방향

1. 회계윤리의 기준 – 직업윤리규정

지금까지 우리나라 공인회계사의 직업윤리규정은 실제로 공인회계사들의 윤리의식이나 도덕성의 향상에 거의 영향력을 발휘하지 못한 것이 사실이다. 그 이유는 우리나라의 직업윤리규정이 법률상의 강제에 의해 형식적으로만 구색을 맞추고 있기 때문인 것으로 사료된다. 즉, 공인회계사의 실제 업무에서 일어나는 윤리문제들에 대한 해결책과 지침을 제시하기보다는 형식적인 요건만을 갖추기에 급급했기 때문일 것이다. 미국과 국제회계사연맹의 직업윤리규정과 비교해 보면 우리나라의 공인회계사 직업윤리규정이 많은 부분 차이가 난다는 것을 알 수 있다.

첫째, 형식적인 차원에서 보면, 우리나라의 직업윤리규정이 법조문의 형식을 따르는 데 비해 미국과 국제회계사연맹은 학술논문형식으로 하고 있다.

둘째, 우리나라와 미국은 직업윤리규정이 일반 공인회계사들만을 대상으로 하고 있지만, 국제회계사연맹은 일반 공인회계사뿐만 아니라, 공공부문의 공인회계사와 기업에 고용되어 있는 내부 회계사까지 그 범위를 확대하고 있다.

셋째, 규정의 구성측면에 있어서도 미국과 국제회계사연맹은 그 구성이 체계적으로 이루어져 있지만, 우리나라는 내용만을 나열하고 있을 뿐이다.

넷째, 내용에 있어서도 우리나라의 직업윤리규정은 추상적이고 개념적인 데 반해, 미국과 국제회계사연맹의 경우에는 각 내용에 따라 구체적으로 해설을 하고 있어, 공인회계사들이 이해하기 쉽게 되어 있다.

다섯째, 우리나라의 직업윤리규정은 현실적으로 측정할 수 없는 마음속의 자세들에 대해서는 규정하고 있지 않지만, 미국과 국제회계사연맹은 책임의 식이나 곧은 마음 자세 등과 같은 정성적인 측면도 함께 다루고 있다. 이러한 측면은 직업윤리규정이 공인회계사들의 윤리적 행위에 대한 지침이 될 뿐만 아니라, 정신적인 지향을 삼을 수 있는 근거가 되고 있다.

여섯째, 이상의 다섯 가지의 측면으로 인해 미국과 국제회계사연맹의 직업윤리규정은 공인회계사들의 윤리의식과 행위에 효과적인 영향을 미치고 있지만, 우리나라의 경우에는 그렇지 못한 것이 사실이다.

이상에서 살펴본 우리나라, 미국, 그리고 국제회계사연맹 직업윤리규정의 특징을 비교해 보면 다음 〈표 1〉과 같다.

〈표 1〉 각 직업윤리규정의 특징비교

차 원 ＼ 국 가	한 국	미 국	국제회계사연맹
형 식	법조문 형식	문단식	문단식
대 상	공인회계사	공인회계사	공인회계사(일반, 공공) 및 내부 회계사 포함
구 성	비체계적	체계적	체계적
설명방법	법규적	해설적	해설적
내 용	추상적	구체적	구체적
정성적 / 정량적 개념여부	정량적	정성적 / 정량적	정성적 / 정량적
회원에 대한 영향력	미 미	효과적	효과적

따라서 우리나라의 공인회계사 직업윤리규정이 공인회계사들의 윤리의식에 실질적으로 영향과 도움을 주기 위해서는 위에서 언급한 차원들을 보완할 수 있는 방향으로 수정해야 할 것으로 생각된다.

2. 회계윤리 관련 규제제도

Postner(1974)[8]는 규제란 첫째, 정책적으로 특정 이해관계자를 보호하기 위하여 공공이익을 제고해야 할 경우, 둘째, 시장이 비효율적이고 불공정하여 시장을 효율적으로 만들기 위한 경우에 실시되어야 한다고 주장했다. 현재 공인회계사의 감사업무에 있어서도 감사업무의 효율성과 효과성을 높이고 올바르고 투명한 감사업무 수행을 위하여 여러 가지 규제제도를 두고 있다.

회계감사업무의 특성상 공인회계사는 회계정보이용자와 피감사회사 사이에서 공정하고 어느 쪽에도 편향되지 않은 자세, 즉 독립성을 유지해야 한다. 회계감사의 직접적인 수혜자는 회계정보이용자이지만, 이들은 불특정다수이기 때문에 감사비용을 부담시킬 수 없다. 따라서 피감사회사가 계약에 의하여 감사에 대한 금전적인 부담을 지게 된다. 이러한 이유로 감사인은 피감사회사가 지불하는 감사료에 의존하여야 하기 때문에 독립성이 결여될 여지가 많다. 따라서 감사업무의 규제는 감사인의 독립성을 보장할 수 있도록 취해져야 한다.

Buckley와 O'Sullivan(1980)은 규제가 효과적이기 위해서는 전문직업인집단에 의하여 스스로 규제의 목적을 달성할 수 있는 한, 정부규제가 있어서는 안 되며 전문직업인집단의 자율적인 규제 기능에 맡겨져야 한다고 했다. 공인회계사의 독립성 보장과 질적으로 우수한 감사를 제공하기 위한 규제도 마찬가지로 정부의 규제에 의하기보다는 전문직업인의 자율적인 규제에 의한 것이 바람직하다. 그 이유는 규제가 정부에 의하여 수행되는 경우 다음과 같은 문제점이 나타날 수 있기 때문이다.

첫째, 규제가 지체되는 역기능 현상이 발생할 수 있다.

---

8) Postner, R. A., 1974, "Theories of Economics Regulation", *Bell Journal of Economics*: 335-358.

둘째, 규제실패의 경우 규제기관이 결과에 대한 책임을 져야 하나 실제로는 책임을 질 수 없는 현상이 나타날 수 있다.

셋째, 일단 규제가 시작되면 이를 취소하기보다는 계속 확장하는 현상이 발생할 수 있다.

이와는 반대로 자율 규제의 경우에는 다음과 같은 장점이 있다.

첫째, 규제에 전문직업인의 전문지식을 활용할 수 있다.

둘째, 이러한 지식의 활용은 규제기관의 별도 비용 부담 없이 이루어질 수 있다.

셋째, 전문직업인에 의한 자율 규제는 전문직으로서의 높은 이상과 윤리 수준을 갖도록 동기 부여할 수 있다.

이상과 같은 정부규제의 단점과 자율 규제의 장점으로 인해 최근의 국제적 추세는 시장원리에 근거한 자율 규제를 우선으로 하고, 자율 규제가 작동하지 않을 경우 공적 규제를 적용하는 것을 원칙으로 하고 있다. 회계전문직 종사자들은 이러한 자율 규제를 목표로 회원자격, 기술적·윤리적 기준을 통해 회원들이 이러한 기준을 따르도록 하고, 만일 필요하다면 그렇지 못한 회원에게 벌칙을 가하기도 한다. 회원들의 전문가 기준에 대한 준수는 회원들의 기준에 대한 지식과 자발적인 준수의지, 동료와 공공에 의한 강제, 그리고 최종적으로 규율상의 처리에 달려 있다.

따라서 우리나라에서의 규제도 공인회계사회가 스스로의 자발적인 의지에 의해 자신의 위상과 명예를 지킬 수 있도록 자율 규제에 힘을 실어주되, 이러한 자율 규제가 공인회계사회에 의해 제대로 작동되지 않을 경우, 정부에 의한 강력한 공적 규제를 발휘하는 것이 올바른 판단이라고 생각된다.

3. 회계윤리의 질적 통제 – 감리제도

과거 금융감독원에 의한 감리는 다음과 같은 한계점이 있었다. 한정된 인력으로 수천 개에 달하는 감사대상회사의 감사보고서의 감리와 총 100개가 넘는 회계법인, 합동사무소, 그리고 감사반에 대한 조직 감리(감사인의 감리운영에 관한 감리)를 효과적으로 할 수 없었다. 특히, 실지심리(감사인의 사무소에 실제로 임하여 필요한 사항을 직접 조사·검토)에 의한 조직 감리는 감사업무의 수행을 지켜보아야 할 필요가 있기 때문에 상당수준의 인력과 시간이 요구되지만, 감리 인원이 충분하지 못하기 때문에 감리결과 취해진 조치는 대부분이 경고, 주의, 시정요구 등이었으며 이러한 조치에 의하여 감리의 실효성을 높이기는 힘들었다. 또한 한정적으로 실시된 감리는 감리대상으로 선정된 공인회계사와 그렇지 못한 공인회계사 간의 감리 형평성에 있어서 많은 문제가 있었다.

이와 같은 문제를 해결하기 위해 최근 감리제도는 공인회계사가 자율적으로 수행하게 되는 상호 감리제도로 변경되기에 이르렀다. 이러한 상호 감리는 회계법인들이 준수할 질적 관리 요건과 공인회계사회 내에 효과적인 자기규제체계를 설정하여 소속된 회계법인 업무의 질을 개선하게 할 수 있다. 이러한 상호 감리제도가 정착하고 성공하기 위해서는 다음과 같은 사항이 보완되어야 할 것이다.

첫째, 회계법인 내부에서 질적 관리를 추진하기 위하여 새로운 감사대상회사의 수락이나 계속감사여부, 업무할당, 감독, 고용, 전문가 양성, 승진, 자문, 독립성, 윤리수준, 감사에 대한 적절한 정책 및 절차를 수립하는 질적 관리제도를 구비하게 하고, 이들을 위한 통제제도를 도입 운용하게 한다.

둘째, 상호 감리제도를 추진하기 위해 상호 감리제 수행 및 보고기준 제정과 함께 부실감리에 대한 책임규정 마련에 대한 연구가 필요하다. 이러한 책임규정을 마련함으로써 1) 회계법인의 질적 관리제도가 공인회계사회에서

정한 질적 관리기준의 목적에 부합되는가와 2) 회계법인의 질적 관리제도는 실제로 감사업무가 회계감사기준이나 직업윤리규정에 부합되게 진행될 수 있다는 확신을 제공하는가를 평가할 수 있으며, 3) 부실감리에 대한 책임한도를 명확히 함으로써 그러한 일에 대한 재발방지를 도모할 수 있다. 상호 감리대상 회계법인이나 관련된 피감사회사에 대한 정보는 비밀이 유지되어야 하고, 상호 감리와 관련이 없는 자에게 공개되어서는 안 된다. 단, 질적 관리제도나 운용결과에 대한 일반적인 지적 사항을 포함하는 공식적인 상호 감리보고서는 매년 회계정보이용자와 이해관계자들에게 공개되어야 한다.

4. 감사인의 독립성 – 선임과 보수제도

공인회계사가 제공하는 감사서비스는 자유경쟁시장에서 공인회계사와 피감사회사 간의 자유협상에 의하여 제공될 경우에 가장 효율적이다. 국제화·세계화가 진척됨에 따라 회계정보이용자의 수준이 과거에 비해 많이 향상되어, 이들 회계정보이용자에 의하여 감사의 질이 검증될 것이다. 또한 정보이용자에 의하여 차별화된 결과가 피감사회사에게 직·간접적으로 전달되어 피감사회사의 감사에 대한 수용태도도 달라지게 될 것이다. 공인회계사도 회계정보이용자에 의하여 감사의 질이 검증되며 검증결과에 따라 책임을 져야 한다는 것을 인식한다면 자율적인 규제를 강화해야 할 것이다. 따라서 감사수임제는 감사인별로 감사대상회수를 제한하지 않는 완전자유수임제도로 실시되어야 하며 또한 감사보수도 감사인과 피감사회사 간의 자유협상에 의하여 결정되도록 하여야 할 것이다.

완전자유수임제도와 자유협상에 의한 보수제도는 감사인들의 자율적인 규제가 엄격히 이루어지지 못할 경우에는 감사인의 독립성과 감사의 공정성에 문제가 발생할 수 있다. Stice(1991),[9] Lys와 Watts(1994),[10] Krishnan와 Krishnan(1997)[11] 등은 수임료 의존도가 감사인의 독립성을 결정하며, 감사품질에 영향을 미친다는 연구결과를 제시하고 있다. 이들은 공통적으로 특정 고객에 대한 수임료 의존도가 클수록 당해 고객에 대한 감사인의 독립성이 저하되어 부실감사가 수행될 가능성이 큼을 보여 준다. 따라서 완전자유수임제도와 자유협상에 의한 보수제도를 통한 감사의 효율성제고는 피감사회사가 부실회계공시와 감사에 대한 인식을 새롭게 하고, 정당한 사유에 의하여 감사인을 변경하는 경우에만 가능하다. 그러나 이러한 문제가 발생할 가능성이 있더라도, 규제는 감사업무가 자유경쟁시장에서 효율적으로 제공되도록 하기 위한 최소한의 범위 내에서 다음과 같은 방향에서 점진적으로 이루어져야 할 것이다.

감사인의 자율적인 규제가 어느 정도 정착될 때까지는 감사인의 독립성과 공정성을 보호하기 위하여 감사인의 선임, 변경 및 선정 관련자료를 금융감독위원회에 보고하는 규제나, 감사인 교체이유가 부당한 경우에 당해 피감사회사는 금융감독원이 지정하는 감사인을 계속 선임하게 하는 규제는 지속되어야 할 것이다. 그러나 이러한 규제는 규제기관이 감사인의 교체이유를 분명히 파악할 수 있고, 감사인의 질적 수준을 구분할 수 있을 경우에 가능하기 때문에 감사인의 자율 규제에 의하여 감사인의 자질과 윤리수준이 향상된 이후에는 궁극적으로 폐지되어야 할 것이다.

감사인선임위원회와 관련하여서는, 상법개정과 관련하여 이사회의 권한이 법정되어 있는 우리나라의 이사회와 이사회의 권한이 추상적이고 통일성이

---

9) Stice, J. 1991., Using Financial and Market Information to Identify Pre-Engagement Factors Associated with Lawsuits Aganist Auditors, *The Accounting Review*: 242-263.
10) Lys, T., and R. Watts, 1994, Lawsuit against Auditors, *Journal of Accounting Research*: 65-93.
11) Krishnan, J., and J. Krishnan., 1997, Litigation Risk and Auditor Resignations, *The Accounting Review*: 539-560.

없는 미국의 이사회를 동일선상에 놓고 미국의 이사회에서 운영하는 이사회 내의 감사인선임위원회를 도입하는 것은 현실적으로 어려움이 많을 것으로 판단된다.

또한 3분의 2이상 사외이사로 구성되는 감사인선임위원회 구성을 사실상 의무화하는 것은 현실적으로 적잖은 문제를 파생할 우려가 크다. 우선 3인 이상의 감사인선임위원회 설치와 관련하여 현행 상법은 이사 1인의 주식회사도 허용하고 있으나, 실제로 대표이사 포함 이사수가 3인 이내의 상장회사도 없지 않는 상황이다. 그리고 3분의 2이상을 사외이사로 구성하여야 하는 3인 이상의 감사인선임위원회를 도입하는 것은 이사수를 늘리고 기업부담을 늘리도록 강요하는 결과가 될 가능성이 있다. 그리고 우리나라의 경우 이사회가 경영진을 구성하는 경우가 많은데, 이러한 점에 있어서 감사인선임위원회의 독립성에 대한 문제점이 생길 수도 있다.

이사회의 권한이 법제화되어 있는 우리나라의 이사회와 이사회의 권한이 추상적이고 통일성이 없는 미국의 이사회를 동일선상에 놓고 미국의 이사회에서 운영하는 이사회 내의 감사인선임위원회를 도입하는 것은 감사인선임위원회의 독립성이라는 측면에서 현실적으로 어려움이 많을 것으로 사료된다. 따라서 당해 회사의 감사 2인 이내, 증권거래법에 의하여 선임된 사외이사가 있는 회사의 경우에는 사외이사 중 2인 이내, 지배주주 및 그와 특수관계가 있는 주주를 제외한 주주 중에서 의결권 있는 소유주식수가 가장 많은 주주 2인, 지배주주 등을 제외한 채권자 중 채권액이 가장 많은 2개의 금융기관의 장이 각각 추천하는 자로 구성되는 감사인선임위원회의 독립성을 확보하기 위한 방안을 강구해야 할 것으로 보인다. 본 논문에서는 노조나 종업원들을 감사인선임위원회에 포함시키는 방안을 추천하고자 한다. 그 이유는 감사인선임위원회의 기능이 외부 감사인의 선임이라는 목적에서 볼 때, 노조나 종업원이 독립성이라는 측면에서 더욱 우월할 수 있기 때문이다.

5. 전문인의 윤리자질 – 자격제도

공인회계사의 수요를 충당하고 경쟁을 통한 능력과 자질의 향상을 위해 공인회계사의 수를 증가시키기 위해서는 공인회계사 시험의 난이도를 감안하여 합격수준의 지식을 소유하고 있는 것으로 판단되는 수험생은 전부 합격할 수 있는 절대평가제에 의한 시험제도를 도입하는 것을 고려해 볼 수가 있다.

물론 단순히 숫자만 늘인다고 해서 문제가 해결되는 것은 아니다. 감사인들이 얼마나 전문가로서의 윤리의식과 자질을 계속 갖추고 있는가에 대한 문제도 해결되어야 한다. 즉, 공인회계사 시험제도뿐만 아니라, 자격제도 전반에 대한 검토가 필요하다. 현재의 공인회계사 선발제도에 문제가 있다는 것에 대해 이미 많은 논의가 되었으나 합격 후 실무를 하기 위한 자격요건에는 별로 논의가 없었다. 소수의 합격자를 선발하기 위해서 매우 어려운 시험을 실시하고 있지만, 시험에 합격했다고 해서 감사인으로서 충분한 자격을 갖추었다고 볼 수 없다.

공인회계사 시험에 합격한 것은 공인회계사로서의 첫 단계를 통과한 시작에 불과할 뿐이다. 그러나 국내의 시험이 너무나 어려운 나머지 대부분의 수험생들은 시험을 최종목표로 생각하는 경우가 많다. 따라서 합격자를 대폭 늘여 잠재적 공급을 확충하는 한편 지속적인 자질 및 윤리교육프로그램 등을 통하여 고객과 정보이용자들이 원하는 수준의 능력과 신뢰성 있는 윤리수준을 갖추게 하는 자격제도가 필요하다. 이러한 능력을 갖추지 못한 공인회계사는 시장원리에 따라 도태되는 시스템을 조성하는 것이 필요하다.

또한 외국회계법인의 국내진출방안도 고려해야 한다. 외국회계법인이 국내에 진출하게 되면 국내시장을 잠식하여 국내 공인회계사들에게 불이익을 주기도 하겠지만, 세계화 시대에 국내의 공인회계사들이 외국에 진출하기 위해서는 허용되어야 한다. 또한 상당한 능력과 자질을 갖춘 외국공인회계사들과 경쟁함으로써 국내 공인회계사들의 감사서비스 제공과 윤리수준이 향상되어 최종적으로는 고객과 이해관계자들에게 혜택을 줄 것으로 판단된다. 이러한 관점에서 외국회계법인의 국내진출은 공인회계사의 자질 및 윤리수준과 효율성을 제고하는 차원에서 점진적으로 다음과 같이 허용되어야 할 것이다.

첫째, 우리나라 공인회계사 자격을 인정해 주는 국가의 회계사는 국내자격을 상호 인정해 준다.

둘째, 모든 감사보고서의 서명날인은 국내 감사인에 국한해서 하고, 국내 감사인의 감사수준이 국제적으로 향상되는 정도에 따라 비상장법인, 상장법인 순으로 점차적으로 외국감사인의 서명날인을 허용해 준다.

셋째, 국내 공인회계사의 감사업무의 수준이 향상될 때까지는 외국법인과의 업무제휴만을 인정하고 감사의 질이 국제수준으로 향상된 다음 회계시장의 완전개방을 실시한다.

6. 회계윤리와 주변윤리의 공조 – 집단소송제도와 내부자 고발제도

지금 분식회계와 같은 회계윤리의식의 저하행위가 만연하고 있는 이유는 분식회계와 부실감사를 해서 얻는 이익이 그로 인해 치러야 될 비용보다 크다는 데에 있다. 그렇다면 분식회계와 부실감사를 근절하기 위해서는 분식회계와 부실감사가 적발될 확률을 높이고 일단 부정이 드러날 경우에 가해질 처벌(penalty)을 강화하는 방법밖에는 없다. 그렇게 해야 경제주체의 행동을 바꿀 수 있다. 이렇게 하기 위해서 본 논문에서는 분식회계와 부실 감사가 드러날 확률이 높아지도록 분식회계를 고발하는 집단소송제도와 일단 부정이 일어났을 경우 다시는 이런 일이 일어나지 않도록 책임을 지울 수 있는 내부자 고발제도를 추천하고자 한다.

6.1 집단소송제도

집단소송제를 실시함으로써 기업의 경영자는 스스로 윤리적인 책임경영을 할 수 있는 유인이 된다. 공인회계사의 회계윤리수준의 향상에 있어서도 마찬가지다. 집단소송제를 통함으로써 공인회계사는 사후의 부실감사에 대한 집단소송을 피하기 위해서도 경영자의 압력에 굴하지 않는 철저하고 윤리적인 감사를 할 수밖에 없다. 왜냐 하면, 그 대가가 너무 크기 때문이다. 경영자에게 있어서도 공인회계사에게 압력이나 영향력을 행사하는 것보다는 스스로 윤리적인 경영을 하는 것이 자신과 기업에게 더 유리하게 된다. 따라서 집단소송제도는 폭넓게 도입되어야 할 필요가 있다. 그러나 집단소송제도의 도입이 기업 경영의 투명성 확보라는 본래의 취지를 벗어나, 기업의 효율성과 자율성을 해쳐서는 안 된다. 특히, 소송의 남발로 인해 경영자 고유의 경영권이 침해받는 일이 있어서는 안 될 것이다. 따라서 제도의 도입에 앞서 선진국의 사례를 연구하고, 각계각층의 의견을 폭넓게 수렴하는 지혜가 필요하리라 생각된다.

6.2 내부자 고발제도

아무리 정교한 내부 통제 및 감사시스템이 있다 하더라도 해당 기업의 구성원이나 그 비리에 관계를 맺고 있는 사람만큼 잘 알 수는 없다. 특히 기업의 회계담당자가 경영자의 장부조작지시나 부실회계에 대해 폭로해 준다면, 이는 궁극적으로 공익에 기여하는 결과를 낳는다는 것을 인정할 때 내부고발제도의 도입은 결국 경영자와 기업회계담당자의 회계윤리수준 향상을 가져올 수 있다는 데 중요한 의미가 있다고 하겠다. 이 법은 기업활동이 비윤리적 불법적이거나 사회에 해가 된다고 여겨질 경우, 그 조직원은 이를 해당 조직의 사무국이나 외부기관에 고발할 수 있으며, 이에 대한 기업의 보복을 금지하고 있다.

우리나라 기업들도 깨끗한 경영을 위해서는 내부고발자를 완벽하게 보호할 수 있는 내부고발제도를 과감하게 도입해야 한다. 특히, 경영자의 명령에 따라야 하는 기업의 내부 회계사에게 있어서 이 제도는 매우 필요하다고 하겠다. 기업 내에서 비윤리적이고 불법적인 행위를 발견한 조직원은 상사 또는 기업윤리위원회에 보고하는 것을 의무화하고 시정이 되지 않을 경우에는 외부에 고발을 하는 제도를 도입할 때 진정한 윤리경영이 뿌리를 내릴수 있을 것이며, 이를 통해 내부 회계사들이 경영자들에 대한 견제도 가능하게 될 것이다.

7. 자율과 규제의 조화

현행 회계윤리 관련 제도의 특징은 규제기관에 의한 직·간접적인 규제 일변도라 할 수 있다. 감사의 수임은 자유수임제이지만, 감사인이 감사할 수 있는 회사의 수가 감사인의 감사역량에 관계없이 일정공식에 의하여 결정되며 또한 감사보수는 피감사회사의 총자산규모에 기준하여 일률적으로 정해진다. 공인회계사 감사의 대상인 재무제표 작성 시 적용되는 기업회계기준과 재무제표를 감사하는 데 적용되는 회계감사기준은 증권관리원회가 제정하고 있다. 또한 금융감독원에서는 감사가 적절하게 수행되었는가를 평가하는 감리업무를, 그리고 증권선물위원와 재정경제부에서는 공인회계사와 회계법인에 대한 제재를 전담하고 있다.

이와 같이 정부에 의한 강제적인 규제로 발생되는 문제점은 다음과 같다.

첫째, 공인회계사가 질적 향상을 도모하려는 자발적인 노력을 경주하여야 할 유인과 재원을 제공하지 못함으로써 전문직업인에 알맞은 지위와 윤리수준을 갖추지 못하게 된다.

둘째, 정부의 한정된 인력과 재원으로는 공인회계사와 그 업무에 대한 전반적인 내용에 대한 실질적인 현황파악이 미흡하여, 오히려 규제가 역기능을 초래할 수 있다.

셋째, 규제기관에 의한 사후감리는 예방체제로서의 역할을 하지 못하여 감사의 질과 공인회계사의 책임과 신뢰성을 제고시키는 데에는 한계가 있다.

넷째, 감사업무에 있어서 자유경쟁시장의 개념이 적용되지 않아 피감사회사 입장에서는 양질의 감사를 저렴한 비용으로 제공하는 데 한계가 있으며, 공인회계사와 회계법인의 입장에서는 노력과 능력에 대한 보상을 제대로 받을 수 없다.

정부에 의한 규제로서 공인회계사를 감독하는 것은 공인회계사의 사회·경제적 지위가 열악하여 정부에서 보호하여야만 감사인이 독립성과 신의 성실성을 유지할 수 있을 때 요구되었을 뿐이다. 현재에는 회계정보이용자의 수준이 높아져 공인회계사의 감사보고서의 이용이 확대되었으며, 과거에 비해 공인회계사가 전문직업인으로서 사회·경제적 지위를 갖추게 되었다. 이러한 시점에서 과거와 같은 정부주도의 제도는 공인회계사의 윤리의식을 고취시키고 경쟁하기 위해서 그 권한을 공인회계사 스스로에게 주는 것이 타당하다고 판단된다.

따라서 이 연구에서는 공인회계사가 자율적으로 스스로를 통제할 수 있도록 다음사항을 제안하고자 한다.

첫째, 공인회계사회로의 제재 및 감리업무 이양

둘째, 완전자유수임제와 자유협상수주제로의 전환
셋째, 절대적인 평가에 의한 공인회계사 자격부여와 회계감사시장의 완전
  개방

위와 같은 방안이 의미하는 것은 정부가 정부의 권한과 책임을 포기하라는 것은 아니다. 정부는 과거와 같이 모든 제도의 전권을 가질 필요도, 그럴 능력도 없다. 그 이유는 정부의 인력과 재원에는 한계가 있으며, 아무리 노력한다 할지라도 민간 부문의 발달속도를 따라잡을 수 없기 때문이다. 정부는 공인회계사와 회계감사제도에 대한 큰 틀만을 잡아주는 역할을 하면 그것으로 충분하다. 그 틀 속에서 자유롭게 경쟁하는 것은 공인회계사의 몫이다. 정부는 그 틀을 벗어나는 사항만을 감독하고 제재하면 되는 것이다. 일일이 간섭하게 되면 공인회계사는 오히려 타율적이 되어 스스로 윤리수준과 자질을 높이려는 노력을 등안시하게 된다. 따라서 회계윤리와 관련된 제도를 공인회계사회에 대부분 이양한다 할지라도 부실회계공시에 대한 피감사회사의 책임과 부실감사에 대한 감사인의 책임을 강조하기 위한 정부의 규제는 강화되어야 한다. 예를 들어, 상장기업과 금융기관여신관리 목적으로 이용되는 감사의 경우에는 적정의견 이외의 다른 의견을 받은 피감사회사에 대하여 유가증권의 발행을 제한하거나, 여신동결 등과 같은 제재조치를 강화하여 실천한다면 회계감사 및 회계보고에 대한 피감사회사의 기본자세가 변경될 것이다. 또한 부실회계공시 및 부실감사에 대한 피감사회사와 감사인의 형사처벌을 강화하는 규제의 입안 및 시행은 감사업무가 자유경쟁시장에 의하여 효율적으로 제공되도록 하기 위한 필수적인 규제가 될 것이다.

또한 공인회계사의 윤리수준과 함께, 기업의 경영자와 내부 회계사의 윤리수준도 함께 높여 나갈 수 있는 제도가 필요할 것이다. 본 논문에서는 이에 대한 해결책으로서 집단소송제도와 내부자 고발제도를 제시하였다. 집단소송제와 내부자 고발제도를 도입함으로써 경영자는 기업의 투명하고 책임 있는 경영에 힘쓸 수 있을 것이며, 공인회계사에 대한 압력도 줄어들 것이라 생각된다.

회계신뢰와 회계윤리

제 4 장
마치며

IMF 경제위기를 겪은 후 우리나라의 회계환경은 공인회계사의 회계윤리수준을 국제수준으로 향상시킬 것을 요구하고 있다. 회계윤리의 수준을 국제수준으로 향상시키는 가장 효과적인 방법은 감사인과 공인회계사의 주도에 의한 전문직업인의 자율적인 규제라 판단된다. 따라서 세계화 시대의 전문직업인으로서의 감사인은 자율적인 규제 특히 자율적인 감사인 간의 상호 감리제도에 의하여 조언과 지도를 받아 최선의 전문적 판단을 내릴 수 있어야 한다. 나아가서 공인회계사는 사회적인 역할과 책임을 지닌 공인으로서의 역할을 충실히 수행하기 위하여 내·외적인 수양을 게을리하지 말아야 한다.

감사서비스의 공급은 자유경쟁시장에 의하여 제공될 때에 가장 효과적이다. 감사서비스를 효율적으로 제공하고 감사인이 자율적인 규제를 위한 충분한 재원을 마련하기 위하여 감사수임은 완전자유수임에 의하여 결정되어야 하며, 감사보수는 자유협상에 의하여 결정되어야 한다. 이러한 자유경쟁체제는 충분한 공인회계사의 공급하에 가능하므로 공인회계사 시험제도의 개선과 회계시장의 개방이 이루어져야 한다. 감사인에게 실질적으로 지침이 될 수 있는 적절한 회계윤리기준의 개발, 전문적인 서비스를 제공하기 위한 지속적인 교육과 훈련은 자율 규제와 자유경쟁체제로 전환하기 위한 필수조건이다.

감사인의 자율 규제가 효과적으로 이루어지지 않게 되면 규제기관은 규제에 의하여 감사의 질적 수준을 향상시키려 할 것이다. 또한 감사의 특성상 공인회계사가 독립성을 확보하기가 용이하지 않기 때문에 인위적인 규제에 의하여 공인회계사를 감독하려 할 수도 있다. 감사업무는 공인회계사의 고유한 업무이기 때문에 피감사회사를 보호하기 위하여 감사보수를 규제로 묶어두기도 한다. 이러한 규제는 공인회계사들이 규제에 의존하는 것을 조장하고 이들이 자율적으로 문제를 해결해 나갈 수 있는 기회를 박탈하는 결과를 초래한다. 자율적 문제 해결의 기회를 잃은 공인회계사들은 더욱더 규제에 의존하게 되어 규제를 강화하는 결과가 나타나며, 강화된 규제는 다시 문제 해결의 기회를 제공하지 못하게 된다. 따라서 공인회계사들이 전문직에 대한 높은 이상과 윤리의식을 갖고 감사업무를 추진하도록 자율 규제를 강화하고, 정부의 강제규제를 완화함으로써 가능하게 될 것이다. 그러나 감사인의 자율 규제에 의한 제재조치는 면허법에서 취해지는 제재장치로서의 자격정지 또는 자격취소에 제한되어 있다. 따라서 정부의 공식적인 규제는 피감사회사의 부실공시와 감사인의 부실감사에 대한 보상과 형사처벌을 강화하는 방향에서 이루어져야 할 것이다.

또한, 공인회계사들의 회계윤리수준에 가장 큰 영향을 미칠 수 있는 기업경영자와 기업회계담당자들의 윤리수준 또한 높아져야 할 것이다. 오늘날 부실감사, 분식회계와 같은 문제가 만연한 것은 우선적으로 공인회계사 자신의 책임이기도 하겠지만, 공인회계사에게 그러한 환경을 제공한 기업의 경영자와 기업회계담당자들도 많은 부분 책임이 존재하고 있다. 따라서 땅에 떨어진 회계에 대한 이미지를 제고시키고, 회계의 신뢰성을 제고하기 위해서는 공인회계사 윤리, 기업가 윤리, 기업회계담당자의 윤리가 동시에 높아져야 할 것이다. 이렇게 하기 위해서는 부정과 비리에 대해 기업 경영자에게 책임을 물을 수 있는 집단소송제도와 기업회계담당자가 경영자의 일방적 지시를 견제하고, 자신의 양심에 따라 업무를 처리할 수 있도록 할 수 있는 내부자 고발제도와 같은 제도적 장치가 필요할 것이다.

회계신뢰와 회계윤리

본 서를 마치며

현재 세계는 그 어느 때보다 갈등, 불신 그리고 가치관 혼란의 소용돌이에 휘말려 있다. 최근 우리나라도 전대미문의 외환위기를 겪었고, 그 영향은 아직도 사회 곳곳에 그 흔적을 남겨 놓았다. 이러한 와중에서 회계 분야도 예외 없이 영향과 변화를 맞이하고 있다.

특히 회계 분야도 회계정보의 신뢰성 즉 투명성과 관련하여 사회적 관심과 요구에 직면하고 있다. 일부 대기업의 분식회계와 같은 부정적 회계사건은 회계신뢰성에 치명적인 악영향을 주었고, 외국 투자자와 신용평가기관은 앞다투어 우리나라 회계정보의 신뢰성에 불신을 나타내고 있으며, 이의 개선을 강력하게 요구하고 있는 실정이다.

회계신뢰성의 문제는 단지 어제 오늘의 문제만은 아니다. 회계의 기본 목적이 이해관계자의 의사결정에 유용하고 신뢰할 수 있는 정보 제공임에 비추어볼 때, 회계의 신뢰성은 회계의 존립가치와도 관련되는 중요한 사항이다. 그러나 현재 이러한 회계신뢰성의 저하가 사회 전체에서 불신과 갈등의 원인으로 작용하고 있으므로 회계 분야의 전문가들이 신뢰성 위기의 원인과 그 해결책에 대해 연구 역량을 집중해야 할 시점이다.

본 연구는 이러한 사회적 상황과 시대적 요구에 부응하여 회계신뢰성의 위기와 그 해법을 법률, 기준 등 물리적 측면보다는 정신적이고 철학적인 윤리 차원을 중심으로 논의하였다.

먼저, 제Ⅰ부 "회계신뢰의 위기와 해결방안"에서는 회계신뢰성 저하의 원인을 이론적으로 고찰하였다.

제Ⅱ부 "회계윤리의식의 실태 분석"에서는 회계와 관련된 다양한 이해당사자 집단(예, 공인회계사, 회계학 교수, 이해관계자 등)을 대상으로 회계신뢰성의 위기와 그 해결방향에 대한 의식실태를 조사하였다. 실태 조사결과는 대다수의 이해 당사자들이 회계신뢰성에 의구심이 제기되는 현실에 인식을 같이하고 있고, 더욱이 그 해법의 방향으로 회계윤리의 정비와 강화를 제시하였다. 이러한 실태 분석 결과는 본 연구의 예상과 일치하였다.

제Ⅲ부 "회계윤리의식 제고를 위한 철학적 기초"에서는 회계신뢰성 문제의 해법을 회계윤리로 접근하기 위해 회계윤리의 필수적 차원인 철학적 패러다임을 모색해 보았다. 회계윤리의 철학적 접근은 기존의 회계윤리의 구조가 대부분 규칙윤리 중심이고, 그 내용 또한 명문화된 규정 형태를 띠고 있어, 회계윤리의 본질적 정체성인 정신적 차원을 소홀히 하고 있는 데서 비롯된다. 따라서 본 연구는 윤리의 두 가지 속성인 덕 윤리와 실천윤리를 조화할 수 있는 철학적 기초를 재정립할 것을 모색하였다. 이러한 연구방향성의 일환으로 동양적 윤리사상에 기초한 덕 윤리사상을 회계윤리 분야에 도입할 것을 제안하였다. 특히, 동양적 윤리사상 중 仁의 가치에 주목하고, 이러한 仁의 사상을 회계윤리에 도입할 수 있는 철학적 기초를 살펴보았다.

제Ⅳ부 "회계윤리교육의 개선방향"에서는 회계윤리를 통한 회계신뢰성 회복의 실천 방안으로 회계윤리교육의 정비와 교육모델을 제안하였다. 이것은 모든 윤리의 기본 실천의 출발점이 교육에 있기 때문이다. 본 연구는 회계윤리교육의 기본 내용으로 소양교육, 평생교육 그리고 현장 연계 교육 등으로 제안하였다. 회계윤리의 소양교육 측면은 그 자체만으로 모든 윤리문제를 해결할 수 없으므로 가정교육, 도덕교육, 기타 소양교육과 체계적으로 연계되어야 할 필요성을 강조한 것이다. 또한 평생교육의 제안은 윤리교육의 특성상 특정 기간에 의해서 이러한 윤리적 가치관과 습관이 형성되지 않고, 계속적이고 꾸준한 교육적 차원의 지원이 필요하기 때문이고, 현장 연계 교육의 제안은 회계 분야가 매우 특수하고 전문적이기 때문에 그에 따른 윤리문제도 그 형식과 내용이 일반 윤리와 상이하므로 회계현장과 교육계가 연계되어 상호 피드백과 연계될 때만 제 기능을 달성할 수 있기 때문이다.

끝으로, 제Ⅴ부 "회계윤리의 자율과 규제의 조화"에서는 회계신뢰성 회복의 실질적 결과를 확보하기 위해 회계윤리의 제도적 차원을 분석하였다. 이것은 회계윤리의 정신적 차원과 그에 따른 교육 효과가 제대로 형성되기 위해서 제도적 뒷받침이 필수적으로 요구되기 때문이다. 특히 본 연구는 회계윤리제도의 기본방향을 자율과 규제의 조화 속에서 찾고자 한다. 회계 분야 자체가 전문적이고 특수한 지식이 요구되므로 단순하게 법률 또는 공적 기관에 의한 규제에 의해서는 그 규제의 실효성이 반감된다. 예를 들어, 공인회계사와 같은 회계전문직은 사회적 위치와 역할에 비추어볼 때, 사회지도자로써의 도덕적 가치와 자율적인 실천이 요구된다. 따라서 이러한 공인회계사에 대한 규제의 방향은 사회지도층으로써의 자율적 규제와 그에 대한 사회적 신뢰를 확보하기 위한 최소 조치로써 공적 규제의 조화가 요구된다.

회계신뢰성은 회계의 근본 가치이므로 그 중요성과 가치에 대해 이론의 여지가 없다. 회계신뢰성의 위기는 이제 더이상 단순하게 시대적 산물 또는 단편적인 법률, 기준 등의 개선만으로 극복될 수 없다. 무엇보다도 신뢰성 자체가 윤리적 덕목이므로 회계윤리와 같은 질적 차원에서 회계신뢰성 문제를 되짚어볼 필요가 있다. 이러한 맥락에서 회계 분야는 회계신뢰성과 관련하여 회계윤리와 같은 질적 측면의 연구에 주목하고 연구 역량을 강화할 필요가 있다.

이미 세계는 글로벌화되었고, 무한 경쟁시대에 진입하였다. 따라서 국가경쟁력과 회계 분야의 국제경쟁력 확보를 위해서라도 회계의 신뢰성과 윤리는 중요한 문제이다. 이미 세계적인 유수 기업들은 윤리를 기업 경쟁력의 원천으로 보고 있으며, 여러 선진국에서도 국가경쟁력의 중요 차원으로서 회계윤리를 포함하고 있다. 이러한 시점에서 우리들이 회계윤리를 바라보는 시각은 새롭게 전환되어야 한다.

앞으로도 회계신뢰성은 개별 기업은 물론이고 국가의 경제윤리와 경쟁력의 중요한 차원으로 인식될 것이다. 따라서 이러한 시대적 흐름에서 우리나라 회계의 신뢰성에 대한 의구심과 그에 따른 위기는 모든 회계인의 공통의 관심사이며 필수적 해결과제로 계속적인 관심과 연구가 필요하다.

부록: 전문직의 직업윤리

Ⅰ. 각국의 직업윤리

1. 한국의 직업윤리

오늘날 우리나라의 직업윤리에 영향을 준 전통사회의 정신들은 여러 가지가 있겠으나, 그중 대표적인 것으로는 천직의식 내지 소명의식, 장인정신, 선비정책(청백리정신), 공동체의식을 들 수 있다.

1) 천직의식 내지 소명의식

천직의식은 전통사회와 같은 폐쇄적인 사회에서 운명론과 맞물려 크게 강조되어 왔다. 즉 각자의 신분에 따라 종사할 수 있는 직업에 한계가 있으므로 이를 하늘의 뜻으로 인식하고 순응하여 생업에 충실할 것을 요구하고 있는 것이다. 소명의식은 직업에 종사하는 사람이 어떠한 일을 하든지 자기가 하는 일에 전력을 다하는 것이 하늘의 뜻에 따르는 것이라고 생각하는 천직관 또는 신분의식을 의미하는 것이다. 소명의식은 자기가 하는 일에 대하여 긍지를 느끼게 하고 더욱 훌륭하게 자기의 직무를 수행하려고 하는 노력을 기울이게 하면서 또 물질적 보수보다도 직업에서 오는 정신적 가치를 중요시한다.

2) 장인정신

장인정신이란 자기가 하는 일에 전념하거나 한 가지 기술에 전공하여 그 일에 정통하려고 하는 철저한 직업정신을 말한다. 장인들은 물건을 생산할 때, 기법의 수준을 스스로 속이거나 공법에 어긋나는 경우에는 장인정신을 어기는 것으로 보았는데, 이렇듯 장인 스스로가 개인적인 측면에서 전문적인 기능과 품성을 갖출 수 있도록 해 주었다는 것과 함께 사회적 측면에서 사회 전반에 철저한 직업윤리의 중요성을 인식시켜 주었다고 할 수 있다.

3) 선비정신 및 청백리정신

전통사회에서 선비는 유교사회의 주체로서 청렴하고 오륜을 몸소 실천했던 모범적인 인물이다. 그들은 청빈과 인격이 완성을 위하여 끊임없이 학문과 덕성을 키우며 의리를 위해서는 목숨까지 버리는 지조 있는 고결한 사람들로 국가가 위태로울 때 일신의 생명을 돌보지 않고 대의를 위하여 싸울 줄 아는 의인이기도 했다. 그러나 이러한 선비정신은 19세기 말부터 합리성과 실질보다는 대의명분만을 강조함으로써 직업의 사회적 공헌도가 참여도를 중시하지 않으며 일의 내용보다는 형식에 치우치는 등 부정적인 모습을 나타내기도 하였다.

4) 공동체의식

공동체의식이란 나와 공동체가 뗄 수 없는 밀접한 관계를 가지고 있으며, 공동운명을 지닌 존재라고 느끼고 생각하는 것을 말한다. 한 집단의 구성원들이 공동체의식을 소유하고 있을 때 그들 상호간에는 상부상조와 협동단결의 모습이 자연스럽게 나타나게 된다.

이처럼 전통사회에서 직업의 기본적인 성격은 생계 지향적이라기보다는 소명적인 천직관이라고 할 수 있다. 그리고 직업의 목표 면에서는 업적, 결과, 물질적인 보수보다 정신적 가치와 직업에 대한 성실한 태도 그 자체가 중시되었다고 볼 수 있다. 그리고 직업의 획득과정에서는 업적주의보다 성별이나 신분과 같은 귀속적인 면이 중요시되었고, 이러한 요인 때문에 직업에서 수행되는 일보다는 직업에 관련된 지위가 중요시되었다. 인간관계에서는 개인보다는 집단에서 수행되어야 할 역할이 강조되는 집단지향성이 나타났고 감정중립성보다는 직업관계에서 감정성을 수반하였다.

그리고 우리나라는 서구식의 산업화 과정이나 자본주의적 발전 등과 같은 변혁을 겪지 않고, 일제에 의한 식민지적 상황에서 산업화 과정이 진행되었기 때문에 정상적인 직업의식이나 직업가치관을 형성할 수 없었다. 또한 우리나라 사람은 아직 직업을 평가하는데 그것이 요구하는 지식, 기량, 자질 등을 중시하기보다는 서열적 가치기준을 중시하는 전통적 직업관을 강하게 고수하고 있다.

2. 일본의 직업윤리

서구의 합리적인 정신과는 판이하게 다른 정신으로 후기 산업사회를 이룩하는데 세계적으로 성공한 일본의 직업윤리는 제2차 세계대전의 폐허 속에서 오늘의 경제대국을 이룬 동양정신의 독특함을 그대로 드러내 주는 정신 중의 하나이다. 일본은 서구의 개인주의적이고도 합리주의적인 직업의식과는 다른 직업윤리의식에 의해 산업사회를 이룩하는 데 성공하였다. 일본의 직업윤리에는 동양정신의 독특함을 그대로 드러내 주는 정신들이 있으며, 대표적인 것이 회사주의와 화(和)의 정신이다.

1) 회사주의

일본에서는 취직이란 마치 결혼과 같이 인생에 있어서 중대한 문제이다. 그래서 사원채용에 있어서도 그 사람의 인품, 연고, 충성심 또는 회사에 공헌할 수 있는 잠재적인 능력 등이 당장의 노동생산성과 기능보다도 중시되는 경향이 있었다. 그리고 회사는 사원을 가족처럼 받아주고 사원에게는 그

대가로 무조건적인 헌신을 요구했다. 기업이 사원을 한 번 고용하면 끝까지 책임지지만, 반면에 전직하는 행위는 불충의 행위로서 특별한 경우 이외에는 전직하려 하는 자를 채용하는 일이 드물다.

2) 화(和의) 정신

이 말은 '조화' 혹은 '화합'으로 번역된다. 일본 전체를 통틀어 회사의 모토나 이름에 가장 많이 쓰이는 요소인 화(和)는 일본사회의 집단적 의식구조에도 그 기초를 두고 있다고 할 수 있다. 일본인은 자신을 쉽게 집단과 일체화시키고 개인의 이익을 집단 전체의 의사에 종속시킨다. 일본인의 의식 속에 뿌리를 내리고 있는 명제 중의 하나는 "영웅도 되지 말고, 바보도 되지 말자"는 것으로, 평범하게 섞일 수 있는 것을 가장 중요하게 생각한다. 화(和)의 정신은 일본인들로 하여금 집단 귀속의식을 낳았고, 자신의 본심보다는 명분을 중시하는 문화를 정착시켰다.

3. 미국의 직업윤리

미국의 직업윤리의 기반은 크게 청교도와 프로테스탄트적 윤리관의 결합이다. 초창기 미국의 청교도인들은 경제적 성공을 하나님으로부터의 은혜로 받아들이는 동시에, 부를 갖는다는 것에 대해서는 유혹의 악의 원인이라고 바라보는 이중적 가치관을 가지고 있었다. 결국, 일상생활이나 일상거래에 있어서 탐욕을 버리고 자신의 분수를 지키고 주어진 일에 자족할 줄 아는 검소한 생활을 통해서 욕망을 억제할 것을 요구하였다. 여기에서 근면·검소 및 청렴의 세 가지 윤리가 강조되었으며, 초창기 미국을 개척한 청교도인들의 윤리로써 승화되었다.

오늘날의 미국 직업윤리의 특징을 살펴보면, 초기 미국 개척자들을 지배하던 청교도적 직업윤리관이 시대의 변천과 함께 금욕주의 대신 여가선용을 통하여 즐거움을 찾는 일을 우선하고 일을 피하거나 싫어하는 대신 일을 통하여 개인의 성공과 만족을 이루며 개인을 표현할 수 있는 기회로 인식하기도 한다. 동시에 미국인들은 시대와 관계없이 조직 안에서 서로 협력하는 직업윤리를 가지고 있다. 이러한 협력의 자세는 미국 특유의 기업윤리로까지 이어질 수 있다.

Ⅱ. 전문직 직업윤리

1. 전문직의 정의

현대사회는 전문직업의 사회이다. 지식이 세분화되고 전문적 지식의 직업적 중요성이 크게 늘어남에 따라 전문직의 직업적 활동은 사회의 거의 모든 부분에 걸쳐 영향을 미치며, 갈수록 그 영향이 증가하고 있다. 따라서 전문직에 필요한 직업윤리의 정립과 실천은 이 직업에 속하는 개개인의 직업적 성공은 물론 사회발전에도 심대한 결과를 초래한다.

우리나라 사회에서는 전문직업에 대한 개인적 및 사회적 선호가 크게 발달해 있는 반면, 전문직의 역사가 길지 않은 관계로 전문직 직업윤리에 대한 전문직 종사자들의 직업적 규범이 개인적 차원에서나 제도적 차원에서 잘 형성되어 있는 편은 아니다.

'Profession'은 '직업'이란 뜻이며, 전문직은 'Learned Profession' 즉, '학문적 직업', '지적 직업'이라 하여 일반적인 직업과 구별하여 전통적으로 법률가, 의사, 공무원, 성직자 등의 분야를 전문직으로 인정하여 왔다.

그러나 사회가 복잡해지고 업무가 분업화·세분화되면서 다양한 직업이 생겨나고 각각의 직업분야에서 전문성을 요구하게 되었다. 일반적으로 전문직은 고도의 전문적인 교육을 거쳐 일정한 자격, 면허를 획득하여 전문적인 지식, 기술을 독점적·배타적으로 사용할 수 있는 직업이라고 정의할 수 있다.

2. 전문직의 직업적인 특성

전문직은 일반직에 대비되는 개념으로 직업사회학적으로 볼 때, 일정한 직업적·사회적 특성을 갖추고 있으며 사회적으로 공인되는 어떤 특정한 직업범주를 지칭하는 것이라고 할 수 있다. 이러한 전문직은 다른 일반직에 비해 다음과 같은 특성을 지니고 있다.

전문직은 수행되는 활동이 사회적으로 요구되어야 하며, 그리고 그 활동은 집단에 의해 수행되어야 하며, 다른 일반직과는 구별될 수 있어야 한다.

전문직은 물건의 생산이나 판매보다는 서비스의 제공이나 아이디어의 생산을 주로 하는 직업으로 고객에 대한 봉사 또는 고객의 욕구충족을 업무의 기본으로 한다. 비록 전문직이 전문지식과 기술을 사용하는 직업이라고 하더라도 제조업에 속하는 직업은 전문직이라고 할 수 없다.

전문직은 특정분야에 관한 체계적이고 과학적인 지식을 기초로 직무를 수행한다. 이러한 전문지식이나 기술은 장기간의 교육과 훈련을 필요로 하며, 요구되는 일정한 수준의 지식과 기술을 획득한 사람에게는 면허·자격, 학위, 증명에 의해 공식적으로 자격을 부여한다. 오늘날 많은 직업이 전문지식과 기술, 정보를 필요로 하지만 이 모든 직업을 전문직이라고 하지 않는 것도 이러한 전문직의 특성 때문이다.

전문직업은 직업활동을 신장하고 보호하기 위해서 전문조직이나 동업조합을 가지고 있다. 예를 들면, 이에는 의사협회, 약사협회, 변호사협회, 공인회계사협회 등이 있으며, 이들은 자산들의 직업활동을 자율적으로 규제하기 위한 규정과 규범을 가지고 있다.

전문직에 종사하는 사람들은 수행하고 있는 직무의 특성상 사회적 존경과 권위를 향유한다. 전문직은 일반인들이 쉽게 접근할 수 없는 높은 수준의 전문적 지식을 토대로 직업활동을 수행하기 때문에 직업상의 권위를 크게 누리며, 직무활동과 직·간접적으로 이해관계를 가지고 있는 사람들로부터 존경을 받는다. 이상과 같은 전문직의 직업적 특성을 표로 그려 보면 다음과 같다.

<표 1> 전문직의 직업적 특성

차　　원	전문직업	일반직업
이론 및 지적 기술	소　　유	결　　여
사회적 가치와의 관련성	관　　련	비 관 련
훈련 기간	장　　기	단　　기
훈련 정도	전 문 화	비전문화
행위 성향	하부문화중시	하부문화경시
동　　기	봉　　사	사　　익
자 율 성	높　　음	낮　　음
연대 의식	높　　음	낮　　음
윤리 조항	성　　숙	미　　숙

이런 특성을 배경으로 하는 전문직은 오늘날 사회가 다양화·다변화·정보화·국제화라는 특성을 갖게 되면서 그 종류와 수를 더해 가고 있는데, 특히 최근에는 지식 및 정보산업과 관련된 직업분야에서 전문직이 크게 확대되고 있는 추세이다.

3. 전문직의 직업활동

전문직의 직업윤리를 좀더 구체적으로 살펴보기 위해서, 앞에서 언급한 전문직의 직업적 특성을 직업활동이라는 조금 다른 관점에서 살펴볼 필요가 있다. 전문직 직업활동의 특성은 전문성, 배타성 및 독점성, 그리고 직업수행의 자율성 등 세 가지로 구성되어 있다.

1. **전문성**은 고도의 교육훈련을 통한 전문지식의 습득이 직업수행에 필수적으로 요구된다는 점을 의미한다. 이러한 전문성이 고객에 대해서나 사회에 대해서 전문직업인이 갖추어야 할 윤리의식을 크게 좌우한다.

2. **독점성**은 일정한 자격을 갖추지 않으면 직업에의 종사가 사회적으로 승인되지 않는다는 것을 의미한다. 전문직이 독점성을 가지게 되는 것은, 한편으로는 고객에 대한 서비스의 질을 유지해야 하는 사회적 필요성에서 연유하고, 다른 한편으로는 지식습득을 위해 투자한 비용과 노력에 대한 적절한 보상을 보장하기 위해서이다. 이러한 직업활동의 독점성 또한 중요한 윤리상의 문제를 제기하는 것이다.

3. **자율성**으로서 전문직이 자유직업 혹은 직종이라는 말은 이런 맥락에서 쓰인다. 즉 전문직 종사자들은 전통적으로 특정기업이나 조직에 고용되어 일하기보다는 독자적으로 전문적 서비스를 고객에게 직접 제공하는 자유업으로서의 직업활동에 종사해 왔다. 그러나 이와 같은 자유직업적 성격도 현대사회에 와서는 상당히 약화되어 가고 있는 것도 사실이다. 의사·변호사 등도 종합병원·법률사무소에 고용되어 있는 경우가 허다하기 때문이다. 그러나 이렇게 고용되어 직업활동을 하더라도 지식의 전문성으로 말미암아 다른 직업고용인에 비해 업무 수행의 자율성을 보다 크게 누린다. 전문직업인들이 누리는 직업활동의 자율성 또한 전문적 직업활동의 자율적 규제와 같은 윤리적·사회적 문제를 야기한다.

4. 전문직의 사회적 특성

전문직이 전문성·독점성·자율성을 특성으로 하는 직업이라면, 전문직은 그 사회적 성격에 있어서도 다른 직업과 구별되는 특성을 가지고 있다.

1. 전문직 종사자들은 어느 사회에서나 **가장 높은 수준의 교육을 받은 직업인들로** 지식계층에 속하는 사람들이다. 따라서 전문직 종사자들은 다른

직업에 종사하는 사람들에 비해 공공사회의 여러 문제들에 대해 높은 사회적 의식을 가질 것은 물론 서민으로서의 사회적 책임감과 의무감도 더 많이 가지기를 기대하는 계층이라 할 수 있다. 이런 이유에서 전문직 종사자들의 잘못된 행동은 그것이 특히 직업상의 일이 아니라고 하더라도 사회적 관심을 끌며 윤리적인 비난의 표적이 되는 경우가 많다.

2. 전문직 종사자들은 비교적 **높은 수준의 소득을 보장받는 계층**이고 또한 중산층 이상의 사회계층으로서 비교적 높은 직업적 권위를 향유하는 계층이라고 할 수 있다. 높은 수준의 교육, 높은 경제적 능력, 직업상의 권위를 누리기 때문에 전문직 종사자들은 사회의 지도층에 속한다고 볼 수 있다. 즉, 전문직 종사자들은 특별히 권력이나 경제적으로 최상위의 엘리트는 아니라 하더라도 준엘리트적 지위를 향유하는 사람들이다. 따라서 이들은 사회적으로 혜택받는 계층 또는 지도적 계층으로서 그에 상응하는 사회적 책임감과 의무, 즉 사회적 봉사정신과 직업윤리도 아울러 구비해야 하는 사람들이다. 말하자면 직업적 활동이 개인적 이득의 배타적 추구에 그쳐서는 안 되며 사회봉사에의 책임감도 아울러 가져야 한다는 것이다.

3. 전문직은 대부분의 경우 그 **직업활동이 사회적인 공익의 신장과 직접 관련**되어 있는 경우가 많은데, 이것을 전문직의 공익적 성격이라고 부를 수 있다. 이들이 공익적인 영향을 무시하고 직업상의 영리활동에만 집착할 경우 그러한 행동이 비록 법률에 위배되는 일은 아니라 하더라도 사회적인 비난의 표적에서 벗어나기는 어려울 것이다.

5. 전문직의 윤리기준

사회적으로 전문직은 직업의 특성상 일반직업에 비해 높은 수준의 윤리기준이 요구되고 있다. 왜냐하면 전문직 종사자들이 제공하는 독점적 지식과 기술은 그 성격상 일반고객들이 쉽게 이해하거나 접근할 수 있는 것이 아니다. 따라서 전문적 지식이나 기술을 이용해서 비윤리적 방법과 수단으로 부당한 이득을 추구할 경우, 전문성이 없는 일반고객들로서는 속수무책일 수밖에 없다. 또한 이러한 전문직에 의한 비윤리적 행위는 전문성을 가지고 있는 국가공무원이나 소비자단체 등의 시민단체들에 의한 감시와 규제를 통해서도 효과적으로 대응하기란 매우 어려울 뿐만 아니라 한계가 있다.

타율적인 규제는 대개 소 잃고 외양간 고치는 식이 되기 일쑤이다. 그리고 비윤리적 행위라고 여겨질 수 있는 많은 문제들을 간과해 버리는 경우가 많다. 따라서 전문직에 의한 비윤리적 행위에 대한 규제는 전문직에 종사하는 사람들 스스로에 의한 자율적 규제를 제도화하는 것이 가장 바람직하고 효과적이 될 수 있다. 게다가 국가가 드러난 범법행위에 한하여 법적 규제를 가하고 시민단체 등의 감시기능을 강화한다면 그 효과는 더욱 크게 될 것이다.

그러므로 전문직은 자율적인 직업조직이나 동업조합(의사협회, 변호사협회, 공인회계사협회 등)을 결성하여 윤리강령을 제정하여 실정하거나 보다 적극적으로 자체 내의 윤리위원회나 징계위원회를 운영함으로써 구성원들의 비윤리적 행동을 규제하고 있는 것이다.

이와 같이 전문직은 그 성격상 개인적인 차원에서나 조직의 차원에서나 높은 수준의 윤리기준을 실천하지 않으면 안 되고, 그것을 위해서 엄격하고도 효율적인 규제를 위한 제도의 발전에 노력하지 않으면 안 된다.

6. 전문직의 윤리강령

전문직의 윤리를 설명하는 데는 여러 가지 방법이 있다. 전문직이 갖추어야 할 덕, 그리고 능력기준과 가치기준에 초점을 맞추는 것도 도움이 된다. 그러나 어떤 사람들은 이러한 접근방법이 그들이 필요로 하는 윤리지침을 얻기에는 너무 막연하다는 생각을 하기도 한다. 이러한 사람들은 행위자와 그들에 대한 속성보다는 행위자가 해야 하는 행동 자체에 더 관심을 갖는다. 전문직에 있는 사람들은 해야 할 일과 해서는 안 되는 일이 무엇인가를 더 구체적으로 알기 원한다. 그러나 이러이러한 상황에서 어떻게 행동하여야 하는가 하는 지나치게 구체적인 지침을 주기보다는 좀더 다양한 공통적인 상황에 적용되는 공통적인 지침이 필요하다. 이러한 지침으로 규칙으로 표현되며, 그 규칙들을 모아 강령을 만든다.

윤리강령에 대해 좀더 살펴보자.

1. 윤리강령은 모든 전문직 분야에서 보편적으로 추구되고 있거나 적용된다. 실제로 각 분야에서는 나름대로의 윤리강령을 갖고 있다.

2. 윤리강령이 실제로 얼마나 중요한 것인지는 불분명하다. 어떤 사람들은 제정된 윤리강령이 단순히 외부에 보여 주기 위한 홍보용이라고 생각하는 것 같다. 그렇게 본다면 그와 관계되는 특정한 전문직에 종사하는 사람들은 윤리적으로 직무를 수행하는 것처럼 보이기 위해 일반 대중을 속이는 것이 도움이 되기보다는 오히려 방해가 된다. 이것은 결국 일반 대중들뿐만 아니라 이러한 전문직 종사자 자신들도 마찬가지로 속게 되는 결과를 가져온다.

3. 윤리강령은 새로운 전문직종이 아직 그 직종의 바람직한 덕을 개발할 연구가 없을 때 가장 유용한 방편이 된다. 그러나 오랜 교육훈련기간을 거치면서 바람직한 행동이 무엇인지 배울 기회가 충분한 전문직들에게 윤리강령은 크게 도움이 되지 않을 것이다. 그러나 이때도 사회자 전문직에게 무엇을 기대하는지 되돌아보게 하는 데는 도움이 될 수 있을 것이다.

4. 일반적으로 윤리강령만으로는 충분하지 않다고 생각하는 또 하나의 이유는 윤리강령을 만드는 일이 대단히 어렵기 때문이다.

5. 윤리강령은 전문직에 있거나 전문직에 종사할 사람을 교육하는 하나의 수단이라고 생각해 왔다. 그 밖에도 교육과정·심포지엄·강의·자유스러운 토론방법, 그리고 윤리학 참고서적 등을 통하여 윤리교육을 할 수 있다.

윤리강령은 전문직의 의무와 책임을 정리하여 일련의 규칙의 형태로 만든

단순한 규정에 불과하다. 강령은 보통 사람들이 그것에 따라 행동해야 하는 이유에 대해서는 설명하지 않는다. 단지 전문직은 윤리강령을 준수해야 한다고 말할 뿐이다. 그 결과 윤리강령은 마치 절대적이거나 결코 변하지 않는 것으로 잘못 인식되고 있다. 그러나 실제 그것은 시대나 상황, 그리고 다른 여러 가지 여건에 알맞게 조금씩 변화된다.

7. 전문직의 윤리적 갈등

현실적으로 전문직 종사자들은 자율 규제제도가 이상적으로 구비되어 잘 운영되고 있다고 하더라도 다음과 같은 다양한 종류의 윤리적 갈등을 경험하게 된다.

1. 전문직 종사자들 간에 발생하는 갈등이 있다. 전문직 종사자들은 대체로 동일한 이해관계를 가지고 강한 응집력을 기본으로 하여 동업조합을 결성하고는 있지만, 그들 자신들의 관계는 항상 경쟁관계에 놓여 있다. 따라서 더 많은 고객의 유치나 수입확대를 위한 각자의 경쟁은 피할 수 없게 되어 있다. 그러므로 더 많은 고객의 유치나 수입확대를 위한 각자의 경쟁은 피할 수 없게 되어 있다. 그러므로 비윤리적인 행위도 이루어질 수 있으며, 그 폐해는 궁극적으로 고객에게 전가되게 되는 것이다.

2. 전문직업인의 경우에는 고객에 대한 서비스를 비합리적으로 혹은 비윤리적으로 왜곡시키는 경우가 있을 수 있다. 예컨대, 과잉진료나 과잉처방의 경우 전문지식이 없는 환자들로서는 이러한 사실을 정확하게 알 수 없을 뿐만 아니라, 설령 알 수 있다고 하더라도 이에 대처하여 사실을 입증하기란 매우 어렵다. 우리 사회는 아직도 소비자의 권익을 보호할 수 있는 법적·행정적 제도들이 미비하여 전문직업인에 의한 부당한 행위의 방지가 효과적으로 이루어지지 않고 있다.

3. 전문직업인들은 자신이 소속되어 있는 조직의 집단이익을 위해 고객이

나 사회의 이익을 희생시키게 되는 윤리적 갈등을 경험하기도 한다. 예컨대 자신이 고용되어 있는 회사의 이익을 위해 변호사가 산업재해를 입은 근로자들에게 불리한 판결이 내려지도록 노력한다든지, 세무사들이 자신들에게 보수를 지급하는 회사의 탈세문제에 법률적으로나 기술적으로 자문을 하는 등 전문직의 공신력과 직업적 위신을 추락시키는 사례들을 우리는 종종 보아 왔다.

4. 전문직업인들은 자신이 소속된 조직의 집단이익과 사회 전체의 이익 간의 갈등을 경험하기도 한다. 예컨대, 특정 전문직에 종사할 수 있는 인원을 충원하여 전문직 종사자의 수를 확대하면 일반 대중들은 보다 저렴하고 질 높은 서비스를 제공받을 수 있다. 이와는 반대로 전문직 종사자의 수를 지나치게 제한하는 경우 기존 전문직업인들은 기득권과 직업상 위세를 유지하고 경쟁압력도 회피할 수 있지만, 일반 대중에 대한 서비스 개선을 위한 노력은 상대적으로 소홀하게 될 가능성이 높아진다.

8. 전문직업인의 바람직한 직업윤리의 정립을 위한 기본방향

이상에서 논의된 바와 같이 전문직업인의 비윤리적인 자율권의 행사는 사회적인 영향이 매우 강하여 사회적인 이슈가 되고 있다. 이하에서는 전문직업인의 바람직한 직업윤리의 정립을 위한 기본방향을 검토해 보고자 한다.

1. 전문직업인의 윤리문제에 있어서 어느 정도는 타율적 규제의 필요성이 인정되기는 하지만 기본적으로는 자율 규제가 우선되어야 한다. 다시 말해 자율 규제가 전문직업인의 윤리성 정립에 중추적인 역할을 담당해야 하고, 국가나 시민단체 등에 의한 타율적인 규제는 보완적인 성격의 기능으로 한정될 필요가 있다. 타율적인 규제를 아무리 강화시킨다 해도 복잡하고 전문

적인 직업활동을 일일이 파악하는 것은 불가능할 뿐더러 의도하는 효과도 얻을 수 있을지 의문이다. 이러한 점에서 자율적 규제의 능력을 신장시킬 수 있는 방안이 강구되어야 한다. 전문직업인들 스스로가 높은 윤리의식과 사회적 책임의식을 내면화하는 것이 무엇보다 우선되어야 할 것이다.

따라서 지나친 물질적 성공이나 출세를 지향하는 가치관을 대신하여 봉사 지향적인 가치관들을 자각하고 윤리의식을 내면화할 수 있는 방안이 교육과정과 충원과정에서 모색되어야 할 것이다. 오늘날 한국의 전문직 교육은 입시제도, 교육방법, 교육과정 등에서 직업윤리의 교육을 실제로 외면하고 있다고 해도 지나친 표현은 아닐 것이다. 또한 전문직의 충원제도의 결함으로 인해 전문직의 교육과정 등도 크게 왜곡되어 있는 것도 사실이다.

2. 전문직업인들을 고용하고 있는 조직들의 지나친 영리추구 본위의 경영 방식이 개선되어야 한다. 전문직업인들이 아무리 고매한 윤리의식을 가지고 있다 하더라도 전문직업인을 고용하고 있는 조직들이 전문직의 공공성과 사회성, 윤리성을 바르게 인식하지 못하고 상업주의적 영리추구나 비용의 논리로 경영을 한다면 피고용자의 신분인 전문직업인 개인으로서는 조직의 요구에 따라 비윤리적 행위를 할 수밖에 없는 상황이 초래될 수 있기 때문이다.

3. 전문직업인들은 공신력을 높이기 위해서 자신들의 전문성 제고에 노력해야 한다. 그리고 윤리강령의 준수 등 자율 규제를 철저히 실행할 수 있어야 한다. 자율 규제를 엄격히 실시하지 않으면 정부나 시민단체의 간섭을 받게 될 뿐만 아니라 전문직 조직의 자율적 능력의 함양에도 역기능적으로 작용하게 될 것이다.

4. 전문직에 종사하는 개인이나 조직은 공익을 위한 봉사를 실천할 수 있어야 한다. 개인적인 차원에서는 물론이고 조직적인 차원에서도 공익을 위한 봉사자로서의 역할을 자발적으로 수행하지 않으면 안 된다. 전문직 조직은 이익집단의 성격을 가지고 있기 때문에 사회봉사를 위해 의식적으로 노력하지 않으면 집단이기주의에 빠져 사회로부터 신뢰와 존경을 잃을 수 있다. 따라서 전문직에 종사하는 개인이나 조직은 전체 사회의 환경문제,

인권문제, 복지문제 등 공공문제에 적극적인 참여와 관심을 가져야 할 필요가 있는 것이다.

Ⅲ. 전문 서비스업 종사자의 직업윤리

1. 법률전문가의 윤리

전통적인 의미에서 전문직으로서의 법률가를 얘기할 때는 주로 변호사를 의미하였다. 그러나 법률전문가 또는 법조인이라고 하면 보통 사법공무원, 검찰관과 변호사 등 변호사무에 종사하는 사람 모두를 포함한다. 공직에 있는 판사나 검찰관 등은 공직자의 윤리를 따라야 하기 때문에 법률전문가의 윤리라고 하면 보통변호사의 윤리를 말한다. 법조인들은 법을 통하여 인간의 바른 행동과 사회제도의 바른 기능을 구현하려는 목표가 있기 때문에 그들이 집행하는 법은 윤리와 불가분의 관계가 있다.

윤리의 확립을 통한 인간성과 도덕성의 회복 없이는 법의 목적이 이루어지기 어렵다는 사실이다. 우리의 헌법과 형사소송법은 인권보장에 관한 여러 가지 제도를 마련해 두고 있으나 우리의 수사와 재판과정은 이러한 제도를 제대로 지켜 오지 못했던 것이 사실이다. 최근에 크게 개선되었다고는 하나 그동안 무더기 구속사태, 영장의 남발, 불법구금, 변호인과의 접견제한, 고문 등이 다반사로 이루어져 왔다는 것이 일반의 시각이다.

그리고 변호사협회와 같은 단체는 동료의식보다는 국민적 신뢰를 위한 자치능력을 발휘하여 법을 통한 국민기본권의 변호와 사회정의의 실현이라는 변호사 본연의 사명을 실현하기 위하여 노력하여야 한다. 또한 변호사의 사명의식이 여러 가지 요인으로 붕괴되어 가고, 정의의 실현과는 무관하게 오로지 하나의 사무의 처리로 전락되어 가는 경향을 경계하여야 한다.

아래에서 우리나라 변호사 단체의 직업윤리규약 중 구체적인 내용 몇 가지를 소개한다.

- 변호사는 자기의 전력·전공 또는 직무에 관하여 과대하게 선전하거나 광고를 하여서는 아니 된다.

- 변호사는 사건의 주선을 업으로 하는 자로부터 사건의 소개를 받거나 이러한 자를 이용하거나 또는 이러한 자에게 자기의 명의를 이용하게 하는 일체의 행위를 하여서는 아니 된다. 변호사는 어떠한 경우를 막론하고 사건의 소개 또는 주선에 관하여 소개비 기타 이외의 유사한 금품이나 이익을 제공하여서는 아니 된다.

- 변호사는 친척이 담당공무원으로 처리하는 사건을 수임하여서는 아니 된다. 변호사는 직접, 간접으로 직무에 관하여 법관, 검찰관, 기타의 공무원 등과 사적으로 면접, 교섭 등을 하여서는 아니 된다. 변호사는 직무에 관하여 담당공무원들과의 연고를 선전하거나 또는 이용하여서는 아니 된다.

- 변호사는 현재 수임하고 있는 사건과 이해가 저촉되는 사건을 수임하여서는 아니 된다. 사건의 상대방과 특수한 관계가 있는 경우에는 사건수임에 있어서 이를 의뢰자에게 고하여야 한다. 동일사건에 관하여 당사자 쌍방을 대리하거나 본인의 양해 없이 상대방으로부터 다른 사건을 수임하여서는 아니 된다. 사건에 관하여 상대방으로부터 금품의 제공 또는 향응을 받아서는 아니 된다.

- 변호사는 목적이나 수단에 있어서 부당한 사건, 단순히 보복이나 상대방을 괴롭히는 방법으로 하는 사건을 수임하여서는 아니 된다.

- 변호사는 빈곤자, 궁핍자 등의 사건을 특히 봉사적으로 처리하고 무료변호, 국선변호 등의 경우 다른 사건과 차별하여서는 아니 된다. 국선변호인으로 선임된 자는 그 사건의 사선변호인이 되기 위하여 교섭하여서는 아니 된다.

- 변호사의 사명은 기본적 인권의 옹호와 사회정의의 실현에 있으므로 그 직무는 영업이 아니며 대가를 목적으로 한 거래의 대상이 되어서는 아니 된다. 변호사는 공공성을 지닌 전문직이므로 그 보수는 절대로 과다하여서는 아니 된다. 변호사는 국민에 대한 봉사자이므로 보수가 부당한 축재의 수단이 되어서는 아니 된다.
- 변호사는 서면에 의한 명백한 약정이 있는 경우가 아니면 공탁금, 보증금 기타의 보관금 등을 보수로 전환하여서는 아니 된다.
- 변호사는 담당공무원과의 교제 등의 명목으로 보수를 결정하여서는 아니 되며, 교제비 등 명목의 금품을 받아서는 아니 된다.
- 변호사는 조세포탈 기타 어떤 목적으로도 의뢰인 또는 관계자와 접수한 보수의 액을 허위로 진술하기로 밀약하거나 영수증 등 증거를 조작하여서는 아니 된다.

2. 의료인의 윤리

전문인의 직업윤리 중 가장 상징성이 강한 것이 의사의 윤리이다. 오늘날의 의료는 그것이 질병의 예방이건 치료이건 간에 의사의 힘만으로는 그 책임을 다할 수가 없다. 인간의 정신과 육체, 인간의 생명의 보전과 건강의 유지회복을 다루는 직업인으로서, 전 의료종사자는 바로 의사의 사명과 같은 사명의식을 가져야 하는 것으로 의사 주변의 의료인 역시 전문가적 직업윤리에 투철하여야 마땅하다.

의료윤리의 기본은 그 수혜자로부터의 신뢰의 획득에 있다. 의료에 대한 면허제도는 그들의 이익을 위해서가 아니며 또 전문적 의료지식을 독점하고 있기 때문도 아니다. 결국 면허를 통하여 국민의 신뢰를 뒷받침하는 것이다. 따라서 의료과오, 응급환자나 의료보험환자에 대한 진료거부 내지 냉대, 과다치료비로 인하여 야기되는 의혹은 의료인의 윤리성과 전문성이 확립되지 못한 데서 비롯되는 것이다.

의사윤리의 일부를 의료법에 규정한 것은 그 윤리문제가 국가의 큰 관심사이기 때문이기도 하겠지만 한편으로 자율적 규범에 의하여 자율적으로 자기억제가 가능하도록 함으로써 의사의 사회적 신뢰성을 뒷받침하기 위한 것이다.

의료분야와 관련된 윤리내용은 크게 3가지로 나눌 수 있다. 첫째로 의료와 사회정의와의 관계로서 의료의 균형적인 분배와 관련된 문제들을 들 수 있으며, 둘째로는 의료분야에 종사하는 사람들끼리, 또는 이들과 환자와의 인간관계와 관련되는 윤리문제, 그리고 셋째로는 의학기술이 급속히 발전함에 따라 이 기술의 적용과정에서 발생하는 여러 가지 의료문제를 들 수 있다.

우리나라의 '의사의 윤리'와 '히포크라테스 선서'는 다음과 같다.

〈의사의 윤리〉

우리 의사는 사람의 고귀한 생명과 건강을 보전하는 일을 탐구하고 실천함을 본직으로 삼는다. 의사는 그 직무의 본질상 인류사회에 대한 봉사정신에 투철하여야 하며 지성인으로서의 긍지를 가져야 한다. 이에 우리 의사들은 다음과 같은 윤리를 수반할 것을 서약한다.

- 의사는 그 직무를 수행함에 있어 최고 수준의 의학적 실력을 유지하도록 끊임없이 힘써야 한다.
- 의사는 의료행위에 있어 영리적 동기의 영향을 받아서는 아니 된다.
- 의사는 질병의 치료상 예방상 필요없는 행위를 하여서는 아니 된다.
- 의료는 새로운 진료방법을 발표하거나 실시함에 있어 신중을 기하여야 한다.
- 의사는 부당한 보수를 받아서는 아니 된다.
- 의사는 의사의 품격을 훼손시키는 자기선전 및 광고를 하여서는 아니 된다.
- 의사는 환자를 진료함에 있어 최선을 다할 것이며 필요한 때에는 다른 의사의 협력을 청하여야 한다.
- 의사는 직무상 알게 된 환자의 비밀을 절대로 누설하여서는 아니 된다.
- 의사는 도의앙양과 지식향상을 위하여 서로 협력하여야 한다.

- 의사는 '히포크라테스 선서'와 세계의료협회의 '제네바 선언'을 준수하여
  야 한다.

〈히포크라테스 선서〉
이제 의업에 종사할 허락을 받음에
나의 생애를 인류봉사에 바칠 것을 엄격히 서약하노라.
나의 은사에 대하여 존경과 감사를 드리겠노라.
나의 양심과 위엄으로써 의술을 베풀겠노라.
나의 환자의 건강과 생명을 첫째로 생각하겠노라.
나의 환자가 알려 준 모든 내정의 비밀을 지키겠노라.
나의 의업의 고귀한 전통과 명예를 유지하겠노라.
나의 의업의 고귀한 전통과 명예를 유지하겠노라.
나의 동업자를 형제처럼 여기겠노라.
나의 인종, 종교, 국적, 정당, 정파 또는 사회적 지위 여하를 초월하여 오직
  환자에 대한 나의 의무를 지키겠노라.
나의 인간의 생명을 그 수태된 때로부터 지상의 것으로 존중히 여기겠노라.
비록 위협을 당할지라도 나의 지식을 인도에 어긋나게 쓰지 않겠노라.
이상의 서약은 나의 자유의사로 나의 명예를 받들어 하노라.

3. 공인회계사의 직업윤리

공인회계사의 업무는 회계감사, 세무자문 및 경영자문으로 구성되어 있으
며 이 중 회계감사는 제3자를 위하여 감사대상회사의 재무제표를 회계감사
기준에 따라 감사하여 기업회계기준에 따라 보고하는 공인회계사의 대표적
인 업무이다. 여기에서는 주로 감사인으로서의 공인회계사의 직업윤리문제
를 다룬다. 먼저, 감사인은 회계와 감사 및 이에 관련되는 분야에 대한 전
문지식과 실무경험을 구비하여야 하고 계속적인 교육과 훈련을 통하여 이를
연마하여야 하며 전문직업인으로서의 사회적인 책임을 다할 수 있는 인격을

갖추어야 한다.

또한 감사인에게 필수적으로 요구되는 속성은 독립성이다. 독립성이란 감사절차의 수행, 그 결과의 평가 및 감사보고서 작성에 이르기까지 모든 감사업무를 수행하는 데 있어서 불편 공정한 견해를 유지할 수 있는 속성을 말한다. 감사인은 감사대상회사의 재무제표에 대하여 전문가로서의 의견을 표명함으로써 재무제표 이용인들에게 기업실체의 올바른 실상을 알려 주어야 한다. 그런데 감사인이 표명한 감사의견이 신뢰성을 얻기 위해서는 감사인의 독립성이 전제가 되어야 하며, 감사인에게 일반적으로 요구되는 정당한 주의와 성실성을 가지고 감사업무를 수행하여야 한다. 만일 감사인의 독립성을 유지하지 못하면 회계감사를 통하여 재무제표의 신뢰성을 제고한다는 명분은 사라지게 되고, 그 결과 감사인의 존재의미조차 상실되고 말 것이다. 이러한 관점에서 감사인의 독립성은 회계전문직의 기본개념이자 철학적 구조의 기본이 되어 왔다.

이처럼 독립성이 중요함에도 불구하고 감사서비스를 일반 사유재와 같이 보아 경쟁에만 의존하고 있는 감사제도, 감사인의 선임·해임과 관련된 경영진의 과다한 영향력, 단기적인 수익추구에 지나치게 집착하는 감사인, 그리고 사회적인 책임보다 동료의식을 중요히 여기는 직업단체 등으로 인하여 우리나라 외부 감사인들의 독립성은 상당히 미흡한 수준에 머물러 있다고 보아야 할 것이다.

또한 감사인은 감사업무의 모든 수행과정에서 전문직업인으로서의 정당한 주의를 기울여 성실하게 감사를 수행해야 한다. 정당한 주의는 직업적 전문가에게 기대되는 주의 또는 직업적 전문가가 당연히 기울여야 할 주의인 동시에, 공인회계사에 의한 회계감사에 대한 신뢰를 실추시키지 않기 위하여 유지해야 하는 수준에 해당하는 최소한의 주의이다. 그러나 감사인의 규정이 요구하는 최소한의 기준만 만족시킬 경우에는 바람직한 수준의 사회적 신뢰를 얻을 수 없게 된다. 이러한 직업적 특성으로 인하여 감사인의 입장에서는 법적인 기준보다 더 높은 수준의 기준을 설정하는 것이 필요하다.

직업윤리에 대한 공인회계사회의 입장은 다음과 같다.

- 감사인은 직업적 전문가로서의 윤리를 감사업무 수행의 행위규범으로 준수하여야 한다.
- 감사인의 직업윤리는 공인회계사의 직업상 도의에 관한 것으로, 이상이 아니라 반드시 지켜야 할 실천적 행동규범이므로 감사인은 직업윤리의 형식적 규정보다는 그 규정을 설정한 취지와 그 규정이 함축하고 있는 윤리적 사항을 직업적 전문가로서 이해하고 준수하여야 한다.
- 감사인은 감사인의 책임을 다하기 위하여 공인회계사 직업윤리규정 등 자율적 규제와 공인회계사법과 주식회사의 외부 감사에 관한 법률 및 증권거래법 등의 법률적 규제를 충실히 준수하여야 한다.
- 감사인은 감사업무를 수임하거나 계속하기 위하여 의뢰인 등에게 간청을 하거나, 정당한 사유 없이 감사인의 변경을 종용하여서는 안 된다.
- 감사인은 감사업무를 수임하거나 계속하기 위하여 의뢰인에게 반대급부를 제공하거나 감사보수를 인하할 수 없으며 감사계약 시 불공정한 조건을 수락하여서는 안 된다.
- 감사인은 감사계약 시 감사의견의 독립성을 저해할 수 있는 어떠한 요청도 명시적으로 수락하거나 묵시적으로 동의하여서는 안 된다.

4. 전문적 윤리의 전망

우리나라 전문직의 윤리의식에 대한 당면문제는 다음과 같다.

1. 자기 직업에 대한 긍지와 사명감 결여의 문제이다. 의료는 인술이며, 변호사는 인권옹호의 기수, 공인회계사는 자본주의의 파수꾼, 언론은 사회의 목탁이며, 과학자는 문명의 창조자라는 사명의식 없이는 그 직업의 존재의의를 찾을 수 없다. 그러나 사회의 발전과 더불어 직업의 대규모화 현상은 그 종사자들을 급료에 매달리는 단순한 기능인, 기술자로 만들고 있다.

병원도 대형화되고, 변호사는 대기업에 고용되거나 법률회사의 구성원 내지 고용인이 되고, 기자는 대신문사라는 조직의 일원에 불과하게 되며, 과학자는 방대한 국가기관이나 대기업의 사업목표에 추종만 하게 되어 그들이 모두 조직논리 속에서만 움직이게 됨으로써 직업윤리의식이 희박하게 된다.

2. 직업윤리의 개념은 원래 일정 직업종사자 간에 자기 직업에 대하여 어떤 윤리적, 도덕적 가치를 부여하는가에 있는 것이고, 직업종사자 각자가 자각에 의하여 자율적으로 이를 형성하고 실천하여야 하는 것이며 법에 의한 규제 등과 같은 타율적 규제는 자주성, 자발성을 억압하고 나아가서는 그 직업에 대한 사회적 책임에 대한 자각을 잃어버리게 한다. 전문직에 대하여는 그 직업단체를 통한 자치와 자율기능의 강화에 노력하는 것이 바로 전문직으로서의 사명을 다하게 하는 길이기도 하다. 전문직 단체들이 이러한 사명을 다하고 있느냐에 대해서는 부정적인 시각이 강한 것이 사실이다.

3. 직업과 경제적 이익과의 관련성에 관한 의식문제가 있다. 경제적 이익은 전문직의 주된 목적이 아니라 직업적 사명의 완수에 따른 사회적 보상이라는 인식을 갖기보다는 다수의 전문직업인들이 자신의 직업을 축재의 수단으로 여기고 있는 데서 문제를 찾아볼 수 있다. 보수의 과다에 따라 전문가의 업무상의 정당한 주의가 달라지거나 의뢰인을 차별 대우하는 경우가 있어서는 아니 될 것이다.

오늘날의 전문직은 의사, 변호사, 성직자, 교사 등 전통적인 직업으로부터 공인회계사, 세무사, 약사, 엔지니어, 전문경영인 등과 같이 특정한 전문적 지식과 기술을 독점적으로 사용하는 다른 많은 직업들로 확대되고 있다.

그러한 전문직 종사자들의 직업윤리가 특별히 중요하게 강조되는 이유는 그 직업인이 가지는 전문성과 독점성 때문이다. 전문직은 전문화된 지식과 기술을 가지고 고객에게 서비스하는 직업이기 때문에 일반 고객과 소비자들은 그들의 전문적 활동의 내용을 쉽게 알 수 없는 입장에 있다. 또한 전문직은 공인된 자격을 가진 사람들만 종사할 수 있는 독점적인 직업이기 때문에 같은 전문직에 속하는 사람들이 직업적인 유대를 가지고 고객들에게 높은 대가를 요구하더라도 고객들은 거기에 대응하기 어려운 입장에 놓여 있는 것이다.

이와 같은 전문직의 특성은 다른 어떤 직업보다도 더 높은 수준의 윤리기준이 적용되어야 한다고 사회적으로 기대되는 것이다. 즉, 전문적 지식과 기술이 비윤리적으로 사용되었을 때 일어날 수 있는 사회적 결과와 해악이 더욱 큰 것이기 때문에 전문직 종사자들은 더욱 높은 윤리의식을 가지고 자신의 직업활동에 임해야 한다는 것이 사회적 요청인 것이다.

그리고 전문직의 윤리는 일반적으로 그들의 자율적 조직에 의해 자율적으로 규제되는 방식을 취하고 있다. 그것은 전문직 종사자들이 그만큼 높은 수준의 교육을 받은 사람들이기 때문에 자율적으로 윤리기준을 준수할 수 있을 것으로 사회가 인정해 주기 때문인 것이다. 따라서 전문직의 자율적 직업단체들은 상당히 엄격한 윤리강령을 설정하고 그 준수를 스스로 요구하고 있으며 그것을 위배했을 때에는 상당히 엄격한 규제를 가하고 있다. 그럼에도 불구하고 우리나라에서는 아직 전문직의 역사와 전통이 짧고 또 사회변동에 따라 전문직종사자가 급격히 증가하는 추세에 있기 때문에 이따금 전문직의 윤리문제가 사회문제로 등장한다.

현대사회에서는 거의 모든 직업이 전문화되고 있어 직업의 전문성에 따르는 윤리문제는 점점 더 광범위하게 직업사회 전반으로 확산되고 있다. 그런데 이와 같은 전문직의 윤리문제는 궁극적으로 규제의 방식보다는 전문직 종사자 자신의 높은 직업윤리의식을 통해서 해결될 수밖에 없는 문제이기도 하다. 그런 의미에서 전문직 종사자를 양성하는 교육기관에서의 직업윤리교육의 중요성이 크게 강조되고 있다. 또한 교육기관뿐만 아니라 전문직 단체에서도 기술측면뿐만 아니라 전문직의 윤리교육을 지속적으로 강조하고 실시할 것이 요청된다. 전문직 종사자들이 자신의 사명을 완수하기 위해서는 전문적인 지식과 기술의 습득에 못지않게 전문직업인으로서의 윤리의식의 내면화가 필수적이기 때문이다.

참고문헌

〈국내문헌〉

강재륜, 1996, 윤리학의 역사, 대왕사.

구치모, 신용존, 1998, "회계감사인의 역할구조의 문제와 그 영향에 대한 인식구조", 회계정보연구 9: 175-196.

구치모, 심호석, 1996, "회계감사인의 역할 갈등에 관한 연구", 회계저널, 12월: 191-214.

권선국, 1996, 최근 미국 회계학교육의 변화·개선으로부터의 교훈, 회계저널.

권수용, 최창규, 1998, "감사환경 및 감사실무의 차이에 기초한 감사투입시간의 한·미·일 비교", 회계와 감사연구 34: 325-349.

권찬태, 1984, Auditor's Role and Responsibilities in the U. S. 경대 논문.

권찬태, 1984, 회계감사인의 역할과 책임 - 미국의 최근전개동향을 중심으로 -, 경대 논문.

권찬태, 1985, 회계감사인의 책무수행 제고방안, 부산대학교 박사학위논문.

권찬태, 1986, CPA의 역할과 책임, 경북대학교 출판부.

권찬태, 1986, 회계감사론 - 시스템어프로우치 -, 박영사.

권찬태, 1989, Certification(Qualification) Programs for CPAS in Korea and the U. S., 경북대 경상논집 17(3).

권태리. 1995. "직업윤리와 전문인", 공인회계사. 한국공인회계사회.

김광윤, 강승묘, 1997, "회계환경이 회계기준설정과 정보유용성에 미치는 영향에 관한 구조분석", 회계저널 6(2): 139-170.

김남면, 2000, "회계감사인의 윤리인식과 행위에 관한 실증연구", 경제연구 제21권 제1호.

김문철, 황인태, 1998, 감사의 품질차이가 전기손익수정에 미치는 영향, 회계학연구 (제23권 제2호): 1-26.

김연용, 1995, "감사인의 독립성과 업무 수행능력이 감사 결과의 신뢰도에 미치는 영향에 관한 연구", 회계저널 4: 83-98.

김일섭, 1988, "국제화 시대를 대비하는 외부 감사제도 개선방안", 상장협: 84-106.

김재구·유명종, 중국전통윤리사상사, 세종출판사, 2000.

김재준, 1998, "한·일 양국의 감사수임료 수준에 관한 연구", 회계와 감사연구 34: 101-124.

김정기, 2000, 21세기의 직업윤리, 학문사: 133-145.

김창순, 1999, "개정회계감사준칙 주요내용", 월간공인회계사(3월호): 81-83.

김하자 외, 2000, 전환기의 직업윤리, 성신여자대학교 출판부: 249-267.

김호중, 이석영, 1996, "현행감사보수체계의 분석 및 개선방안에 관한 연구", 회계저널, 12월: 215-237.

김호중, 이석영, 1996, "현행감사보수체계의 분석 및 개선방안에 관한 연구, 회계저널(제5권 제2호): 215-237.

박영신, 1996, 우리 사회의 성찰적 인식 - 전통, 구조, 과정 -, 민영사.

박종대 외 2인, 2000, 현대인의 삶과 윤리, 민지사.

박헌준, 2000, 한국의 기업윤리 - 이론과 현실, 박영사.

박현모, 1998, 현대정치학, 법문사.

박흥식, 1993, "내부고발자의 법적 보호: 미국의 경우", 한국행정학보.

박흥식, 1993, "반부패 정책과 내부고발 보호의 문제", 한국행정학보.

박흥식, 1998, "윤리적 내비보고제의 조건", 한국행정학보.

박흥식, 1999, 내부고발의 논리, 나남출판사.

백진환. 1991, "감사인의 직업윤리행위에 영향을 미치는 요인에 관한 실증연구", 동국대학교 박사학위논문.

손성규, 1999, "감사인 지정이 감사의견의 공정성에 미치는 영향", 회계와 감사연구 35: 219-251.

손성규, 2000, "감사인 교체가 감사인의 독립성에 미치는 영향 - 감사의견예측모형을 중심으로 -", 회계와 감사연구 36: 35-71.

신준용, 1993, 자본시장국제화에 따른 기업회계기준의 정립방안에 대한 연구, 한국상장회사협의회.

송재범 외, 2001, 디지털시대의 직업윤리, 인간사랑: 313-335.

안태식, 최관, 이대선, 고완석, 1997, 고객지향적인 회계교육을 위한 연구, 회계저널

오우철, 2000, "감사인 규모와 감사인 집중수준의 변화추세: 소속 공인회계사 수에 근거한 분석", 회계저널(제9권 제1호): 129-159.

윤계섭, 1994, "우리나라 공인회계사제도의 개선방안 연구 - 업무영역, 보수체계, 손해배상책임의 국가 간 비교를 중심으로 -" 공인회계사(제14호): 24-37.

윤대혁, 2001, 현대사회와 직업윤리, 무역경영사: 365-372.

윤충양, 김도정, 변정조, 2000, "감사서비스의 만족도에 영향을 미치는 요인에 관한 연구", 회계와 감사연구 36: 193-219.

이근수, 1984, "상장회사 설문 조사결과에 기초한 우리나라 외부 감사제도의 문제점과 개선방안", 회계 20: 79-96.

이기동, 한국의 위기와 선택, 동인서원, 1997.

이대선, 1993, "현행 회계감사제도의 문제점 및 개선방안 - 감리, 수임 및 보수, 감사인의 자격에 관한 규제 중심으로 -", 한국회계학회 국제학술심포지엄 발표논문.

이대선, 장지인, 나인철, 이창우, 1994, "우리나라 기업회계기준 설정과정의 발전방향", 회계학연구 18: 377-412.

이만우, 1988, "회계감사에 대한 사회적 신뢰를 높이는 방안", 회계 24: 28-35.

이만우, 박주성, 1994, "우리나라 감사보수체계에 관한 평가", 경영학연구(제23권 특별호): 247-279.

이명곤, 1999, "우리나라 회계감사의 검토", 회계감사저널(제1권 창간호): 181-203.

이명곤, 2000, "회계감사인의 문화와 윤리수준에 관한 연구", *Journal of Business Research* Vol.15 No.2: 1-30.

이명곤, 2000, "회계감사인의 문화와 윤리수준에 관한 연구," 경영학연구: 1-30.

이명곤, 김남면, 2001, "회계감사인의 윤리수준에 관한 연구", 회계연구 6(1): 35-61.

이상주, 1990, "해방40년: 가치의식의 변화와 전망", 해방40년 가치의식의 변화와 전망, 서울대학교 사회과학연구소: 1-35.

이선복 외 2인, 1999, 사회사상과 윤리, 삼경문화사.

이수윤, 1998, 정치학개론, 법문사.

이완재 외 3인, 인간과 윤리, 영남대학교 출판부, 1991.

이우택, 1997, "기업회계와 세무회계의 관계에 관한 국가 간 비교연구", 회계저널: 199-233.

이우택, 1999, 사회의 투명성과 회계의 발전을 위한 연구: 회계의 Accountability 기능을 중심으로, 회계저널 8(1): 113-153.

이종영, 1999, 기업윤리 – 이론과 실제, 삼영사.

이종훈, 한명희, 1999, 현대사회와 윤리, 철학과 현실사.

임희섭 외 9명, 1996, 새 시대의 직업윤리, 사단법인 신사회공동선운동연합: 235-259.

임채주, 1991, 세무회계와 기업회계의 상호관계에 관한 연구, 홍익대학교 대학원 박사논문.

정건영, 1996, 사회발전에 있어서의 회계의 역할과 우리나라 회계교육의 현황과 개선방향, 회계저널.

정광선, 1998, “기업지배구조의 선진화 방향”, 기업 경영의 공정성과 투명성, 서울대학교 경영연구소: 1-36.

정명환, 한기택, 1999, “회계감사수임료에 대한 감사인과 피감사회사의 인식 차이에 관한 실증연구 – 수임료의 성격·수준·결정요인을 중심으로 –”, 회계와 감사연구 35: 29-54.

정석우, 노준화, 1998, “감사인 지정 해제 후 감사인 선임경향”, 회계와 감사연구 34: 255-276.

조동성, 1990, 한국의 재벌연구, 매일경제신문사.

최 관, 이대선, 고완석, 안태식, 1997. 공인회계사를 위한 대학교육 개선방안, 회계와 감사연구 제33호.

최 관, 주인기, 1998, “외부 감사보수의 적정성에 관한 연구: 피감사회사의 특성별 분석과 외국과의 비교를 중심으로”, 회계저널 7(1): 61-86.

최봉영, 1998, 한국인의 사회적 성격(Ⅰ) – 일반이론의 구성 –, 느티나무.

최재양, 1965, 한국인의 사회적 성격, 민호사.

한국경제신문, 2001년 7월 27일, 기업“윤리경영이 곧 경쟁력”, 19면.

한국공인회계사, 1997, “공인회계사 직업윤리규정,” 한국공인회계사회.

한기수, 1997, 기업윤리의 교과과정, 교육내용 및 교육방법에 관한 연구, 연세경영연구(제34권 제3호).

허 범, 1988, “새로운 공공행정의 모색: 민본행정의 이론과 과제”, 민주사회의 성숙을 위한 공공행정, 한국행정학회: 100-135.

황용호, 회계전문직의 윤리교육, 회계학논총.

황호찬, 1998, 규칙윤리와 덕 윤리의 통합: 공인회계사의 윤리의식 제고를 위한 방안, 경영학 연구, 제27권, 제2호: 343-362.

황호찬, 1998, "규칙윤리와 덕 윤리의 통합," 경영학연구: 343-362.

힌완상, 1992, "한국에서 시민사회, 국가, 그리고 계급-과연 시민운동은 개량주의적 선택인가-", 한국의 국가와 시민사회, 한국사회학회·한국정치학회: 9-25.

〈국외문헌〉

Bok, D. C., 1976, "Can Ethics be Taught?," *Change*(October): 26-30.

Bradach, J. L. and G. R. Eccles, "Price, Authority, and Trust: From Ideal Types to Plural Forms", *Annual Review of Sociology* 15: 97-118.

Brown, K. M., 1994, "Using Role Play to Integrate Ethics into the Business Curriculum: A Financial Management Example," *Journal of Business Ethics* 13: 105-110.

Buckley. J. W. and P. O'Sullivan, 1980, "Regulation and the Accounting Profession: What are the Issues?" *Regulation and the Accounting Profession*, (eds) L. W. Buckldy and J. F. Weston, Velmont, Ca.: Lifetime Learning Publications: 46-48.

Callahan, D., 1979, The Teaching of Ethics in Higher Education, The Hastings Center: 48-55.

Casler, D. J., 1964, *The Evolution of CPA Ethics*: *A Profile of Professionalization*, *Occasional Paper* No.12(East Lansing, MI: Bureau of Business and Economic Research, Graduate School of Business Administration, Michigan State University).

Child, J. and D. Faulkner, 1998, *Strategies of Cooperation*: *Managing Alliances*, *Networks, and Joint Ventures*, Oxford University Press.

Cohen, J., L. Pant and D. Sharp, 1993, "Culture-based ethical conflicts confronting multinational accounting firms." *Accounting Horizons*: 1-13.

Cole, Michael and Scribner, Sylvia, 1974, *Culture & Thought*, John Wiley & Sons.

Cook, J. and T. Wall, 1980, "New Work Attitude Measures of Trust, Organizational Commitment and Personal Need Non-fulfillment", *Journal of Occupational*

Psychology 53: 39-52.

Cummings, L. L. and P. Bromiley, 1996, "The Organizational Trust Inventory, in R. Kramer and T. Tyler (ed.)," *Trust in Organization*, London: Sage: 302-330.

Cynthia Jeffrey, 1993, "Ethical Development of Accounting Students, Non-Accounting Business Students, and Liberal Arts Students," *Issues in Accounting Education*(Spring): 86-96.

Dahl, R. A., 1975, *A prelude to Corporate Reform, Reading Mass*: Addison-Wesely Publishing Company.

David, K. and Bloomstorm, Robert L. 1975, Business and Society: Environment and Responsibility 3rd, New York: McGraw-Hill Book Company.

Deutch, M. 1962, Cooperation and Trust: Some Theoretical Notes, in M. Jones (ed.), *Nebraska Symposium on Motivation*, Lincoln, Nebraska: University of Nebraska Press: 275-319.

Doz, Y. and Hamel, 1998, *Alliance Advantage*, Boston: Harvard Business School Press.

E. S, Willam., E. M, Morris., and A. K, Alice., "The Effect of Formal Sanctions on Auditor Independence," *A Journal of Practice & Theory*, Vol.18: 85-101.

Epstein, Marc, J., and Albert, D, Spalding, 1993, *The Accountants guide to Legal Liability and Ethics*, Irwin.

FASB, 1978, *Statement of Financial Accounting Concepts No.1, Objectives of Financial Reporting by Business Enterprises*.

Friedman, M., 1962, *Capitalism & Freedom*, The University of Chicago Press.

Fukuyama, F., 1995, *Trust: The Social Virtues and the Creation of Prosperity*, New York: Free Press.

George, R. J., 1988, "The Challenge of Preparing Ethically Responsible Managers: Closing the Rhetoric-Reality Gap," *Journal of Business Ethics* 7: 718.

Goldman, A, and Barlov, B, 1974, "The Auditor-Firm Conflict of Interest: It's Implications for Independence", *The Accounting Review*: 707-718.

Goode, W. J., 1957, "Community Within A Community: The Professions," *American Sociological Review*(April): 194-200.

Greenwood, E., 1957, "Attributes of a Profession," *Social Work*(July): 45-55.

Grimstad, C. R., 1964, "Teaching the Ethics of Accountancy," *Journal of Accountancy(July)*: 82-85.

Hayek, F. A., 1960, "The Corporation in a Democratic Society," M. Ansehen & G. L. Bach eds., *Management and Corporation*.

Hegelson, V. S., 1994, "Relational Agency and Communion to Well-being", *Psychological Bulletin* 116(3): 428-512.

Hoffman. W. M., and J. Mills Moore, 1982, "Results of a Business Ethics Curriculum Survey Conducted By the Center for Business Ethics," *Journal of Business Ethics* 1: 81-83.

Hosmer, L., 1985, "The Other 338, Why a Majority of our Schools of Business Administration Do not offer a Course in Business Ethics?" *Journal of Business Ethics*: 17-22.

Hosmer, V. S., 1995, "Trust: The Connecting Link between Organization Theory and Philosophical Ethics," *Academy of Management Review* 20(2): 379-403.

House, R. J. and J. R. Rizzo, 1972, "Role Conflict and Ambiguity as critical variables in Model of organizational behavior", *Organizational Behavior and Human Performance*, June: 467-505.

Huss, H. F., and D. M. Patterson, 1993, "Ethics in Accounting: Values education without indoctrination," *Journal of Business Ethics* 12: 235-243.

Kahn, R. L., D. M. Wolf, R. P. Quinn, K. D. Snoek and R. A. Rosenthal, 1964, *Organizational Stress: Studies in Role Conflict and ambiguity*, John Willy and Sons, Inc.

Krishnan, J., and J. Krishnan., 1997, "Litigation Risk and Auditor Resignations," *The Accounting Review*: 539-560.

Lee D. Parker, 1994, "Professional Accounting Body Ethics: In Search of The Private Interest," *Accounting Organization and Society*, Vol.19, No.6: 507-525.

Levitt, T., 1958, "The Dangers of Social Responsibility," *Harvard Business Review*, p.9-10.

Lewis, J. and A. Weigert. 1985, *Trust as a Social Forces* 63: 967-985.

Littleton, A. C., 1966, *Accounting Evolution To 1900*, New York, Russel & Russel.

Loeb, S. E., 1989, "Ethics committees and consultants in public accounting firms?",

Accounting Horizons(December): 1-10.

Loeb, S. E., and J. P. Bedingfield, 1972, "Teaching Accounting Ethics," *The Accounting Review*: 811-813.

Lord, A. T. and F. Todd DeZoort, 2001, "The impact of commitment and moral reasoning on auditors' responses to social influence pressure," *Accounting Organizations and Society* 26: 215-235.

Lys, T., and R. Watts, 1994, "Lawsuit against Auditors," *Journal of Accounting Research*: 65-93.

Mai-Dalton, R. R., 1987, "The Experiences of One Faculty Member in a Business Ethics Seminar: What Can We Take Back to the Classroom?", *Journal of Business Ethics(October)*: 509-511.

McDonald, G. M. and G. D. Donleavy, 1995, "Objections to the Teaching of Business Ethics," *Journal of Business Ethics* 14: 846.

McMahon, T. F. C. S. V., 1975, "Report on the Teaching of Socio- ethical Issues in Collegiate Schools of Business / Public Administration, Charlottesville, Virginia," *University Press of Virginia.*

McQuillen, C. D., 1982, "Ethics in the College Business Curriculum," *Journal of Business Education(April)*: 257-260.

Metzger, M. B., and M. J. Phillips, 1991, "Corporate control, business ethics instruction and intraorganizational reality: A review essay," *American Business Law Journal* 29(Spring): 127-154.

Mezias, S. J., and M. A. Glynn, 1993, "The three faces of corporate renewal: Institution, revolution, and evolution," *Strategic Management Journal* 14(February): 77-101.

Miles, R. H., 1975, "An empirical test of causal inference between role perception of conflict and ambiguity and various personal outcomes", *Journal of Applied Psychology*, June: 334-339.

Milgrom, P. and J. Roberts, 1992, *Economics, Organizations and Management, Englewood Cliff:* Prentice-Hall.

Mills, S. and Bettner, M. 1992, "Ritual and Conflict in the Audit Profession", *Critical Perspectives on Accounting.*

Mishra, A. K., 1996, "Organizational Responses to Crisis: The Centrality of Trust, in R. Kramer and T. Tyler (ed.)," *Trust in Organization*, London: Ssage: 261-287.

N. E. Bowie, *Ethical Theory & Business*, Prentice Hall, Inc., 1979.

National Commission on Fraudulent Financial Reporting(Treadway Commission), 1987, *Report of the National Commission on Fraudulent Financial Reporting*.

Nelson, D. R. and T. E. Obremski, 1990, "Promoting Moral Growth Through Intra-Group Participation," *Journal of Business Ethics* 9: 731-739.

Nichols, D. R. and K. H. Price, 1976, "The Auditor-Firm Conflict: An analysis using concepts of Exchange Theory", *The Accounting Review*, April: 335-346.

Owens, J., 1983, "Business Ehics in the College Classroom," *Journal of Business Education(April)*: 258-262.

Perks, R. W., 1993, *Accounting and Society*, Chapman & Hall.

Ponemon, L., and A. Glaser, 1990, "Accounting education and ethical development: The influence of liberal learning on students and alumni accounting practices," *Issues in Accounting Education* 5(2): 195-208.

Postner, R. A., 1974, "Theories of Economics Regulation", *Bell Journal of Economics*: 335-358.

R. C, Cohen, 1991, "Beyond Bean Counting: Establishing High Ethical Standards in the Public Accounting Profession," *Journal of Business Ethics* Vol.10: 45-56.

R. L. Heilbroner and P. London, 1975, *Corporate Social Policy*, Reading Mass: Addison-Wesely Publishing Company.

Robinson, S., 1996, "Trust and Breach of the Psychological Contract", *Administrative Science Quarterly* 41: 574-599.

Rutledge, R. W. and K. E. Karim, 1999, "The influence of self-interest and ethical considerations on managers.' ", evaluation judgments, *Accounting Organizations and Society* 24: 173-184.

Sabel, C., 1993, "Studied Trust: Building New Forms of Cooperation in a Volatile Economy, in R. Swedberg (ed.)," *Explorations in Economic Sociology*, New York: Russell Sage Foundation: 104-144.

Schoenfeldt, L. F., D. M. McDonald and S. A. Youngblood, 1991, "The Teaching of

Business Ehics Education," *Journal of Business Ethics* 10: 237-241.

Seleshi Sisaye, 1997, "An Overview of The Institutional Approach to Accounting Ethics Education," *Research on Accounting Ethics*, Vol.3: 234.

Shane Moriarity, 2000, "Trends In Ethical Sanctions Within The Accounting Profession," *Accounting Horizon*, Vol.14 No.4: 427-439.

Shenkir, W. G., 1990, "A perspective from education: Business ethics," *Management Accounting*(June): 30-33.

Sorensen, J. E. and T. R. Sorensen, 1974, "The Conflict of Professionals in bureaucratic Organizations", *Administrative Science Quarterly*, March: 98-106.

Stephen E. Loeb, 1988, "Teaching Students Accounting Ethics: Some Crucial Issues," *Issues in Accounting Education*(*Fall*): 316-329.

Stephen E. Loeb, 1989, "Ethics Committee and Consultants in Public Accounting Firm?", *Accounting Horizon*: 1-10.

Stice, J. 1991., "Using Financial and Market Information to Identify Pre-Engagement Factors Associated with Lawsuits Against Auditors", *The Accounting Review*: 242-263.

The American Accounting Association Committee on the Future Structure, Content, and Scope of Accounting Education, 1986, Future Accounting Education: Preparing for the Expanding Profession, *Issues in Accounting Education*(*Spring*): 168-193.

Toffer, A., 1990, *Powershift*, New york, Toronto, London, Auckland: Bantam Books.

Weber, M., *The Protestant Ethics and The Spirit of Capitalism*, London: Georg Allen & Unwin, 1978.

Williamson, O., 1985, *The Economic Institutions of Capitalism*, New York: Free Press.

Wrightsman, L. S., 1991, Interpersonal Trust and Attitudes Toward Nature, in J. P. Robinson, P. R. Shaver and L. S. Wrightsman (eds.), *Measures of Personality and Social Psychological Attitudes*, New York: Academic Press: 373-412.

Zaltman, Gral, 1978, *Processes and Phenomena of Social Change*, Huntington, NY, Robert E. Kriger Publishing Company.

Zand, D., 1972, "Trust and Managerial Problem Solving", *Administrative Science*

   Quarterly 17: 229-239.
Zander, A., 1994, *Making Groups Effective*, San Francisco: Jossey- Bass.
Zeff, Stephen A., 1971, *Forging Accounting Principles in Five Countries*: *A History and an Analysis of Trends*, Stipes Publishing Company.
Zucker, L., 1986, "The Production of Trust", *Research in Organizational Behavior*, Greenwich, CT: JAI Press: 53-111.

≪저자 소개≫

권찬태(權燦泰)

학　력 : 영남대학교 상학과 졸업
고려대학교 대학원 회계학과 경영학석사
부산대학교 대학원 회계학과 경영학박사

경　력 : 미국 University of Utah 객원교수, 교환교수
경북대학교 LG세미나 기금 운영위원장
한국경영학회 감사
(현)경북대학교 경영학부 교수

연구논문 : 「미국의 정부회계를 위한 수정발생주의 모델의 평가」 경상논집, 경북대
학교
「부채성충당금, 우발부채 및 우발자산 회계기준서」 한국회계연구원 외
다수

저서(역서, 공저 등 포함) : 『중급 / 재무회계 연습』(형설출판사)
『중급 / 재무회계』(법문사)
『CPA의 역할과 책임』(경북대 출판부) 외 다수

안홍복(安洪福)

학　력 : 경북대학교 경상대학 회계학과 졸업
경북대학교 대학원 회계학과 경영학석사

경북대학교 대학원 회계학과 경영학박사

경　력 : 서남대학교 경영학부 조교수
　　　　부산가톨릭대학교 경영학부 조교수
　　　　(현)계명대학교 회계학과 조교수

연구논문 : 「지배주주의 지배-소유권 차이와 이익조정의 관련성 분석」(한국회계학회)
　　　　「소유구조와 이익정보의 관련성 분석」(한국회계학회) 외 다수

권기정(權奇正)

학　력 : 경북대학교 경상대학 회계학과 졸업
　　　　경북대학교 대학원 회계학과 경영학석사
　　　　경북대학교 대학원 회계학과 경영학박사

경　력 : 경북대학교 경상대학 초빙교수
　　　　(현)청주대학교 경영학부 전임강사

연구논문 : 「기업환경 변화에 따른 충당부채기준의 정합성 연구」(한국경영교육학회)
　　　　「지방정부 재무정보 공개와 알권리에 관한 실태 분석」(한국경영교육학
　　　　회) 외 다수

회계신뢰와 회계윤리

• 초판 인쇄	2006년 10월 30일
• 초판 발행	2006년 10월 30일
• 지 은 이	권찬태 · 안홍복 · 권기정
• 펴 낸 이	채종준
• 펴 낸 곳	한국학술정보㈜
	경기도 파주시 교하읍 문발리 526-2
	파주출판문화정보산업단지
	전화　031) 908-3181(대표) · 팩스　031) 908-3189
	홈페이지　http://www.kstudy.com
	e-mail(출판사업팀사업부)　publish@kstudy.com
• 등　　록	제일산-115호(2000. 6. 19)
• 가　　격	27,000원

ISBN　　89-534-5996-6 93320 (Paper Book)
　　　　　89-534-5997-4 98320 (e-Book)